高夢旦著述与追忆

叶新 周伟俊 编

西苑出版社
XIYUAN PUBLISHING HOUSE
·北京·

图书在版编目（CIP）数据

高梦旦：著述与追忆 / 叶新, 周伟俊编. -- 北京：西苑出版社, 2021.12（2022.3重印）

ISBN 978-7-5151-0821-6

Ⅰ. ①高… Ⅱ. ①叶… ②周… Ⅲ. ①高梦旦（1870-1936）—生平事迹 Ⅳ. ①K825.42

中国版本图书馆CIP数据核字(2021)第226896号

高梦旦：著述与追忆

GAO MENGDAN：ZHUSHU YU ZHUIYI

策划编辑　赵　晖

责任编辑　樊　颖　汪昊宇

装帧设计　蒙研祎

责任印制　陈爱华

出版发行　西苑出版社

地　　址　北京市朝阳区和平街11区37号楼　邮政编码：100013

电　　话　010-88636419

印　　刷　三河市嘉科万达彩色印刷有限公司

开　　本　710mm×1000mm　1/16

字　　数　158千字

印　　张　11.5

版　　次　2021年12月第1版

印　　次　2022年3月第2次印刷

书　　号　ISBN 978-7-5151-0821-6

定　　价　59.80元

出版说明

高梦旦（1870.1.28—1936.7.23），福建长乐人，初名“凤谦”，早年自号“崇有”，源于对晋人裴頠“崇有论”的致敬，晚年用他的表字“梦旦”为名。高梦旦出生于一个家道中衰的大族，有胞兄啸桐和子益二人，长兄啸桐为桐城派古文名家，中式壬午科举人；次兄子益毕业于巴黎大学，精通法文，后为公使。

高梦旦幼年时天资聪颖，“偶应童子试”，得补博士弟子员，退而“训蒙”，投身基础教育事业。1890 年，其表兄魏瀚任马尾船厂总监工，高梦旦为其家庭教师；1896 年，高梦旦追随长兄啸桐帮助林启创办“求是书院”和“蚕业学校”，而后“求是书院”拓展为浙江大学堂；1902 年，高梦旦被聘为浙江大学堂教习，率学生东渡日本留学，任留日学生监督；1903 年冬解职回国，入商务印书馆，被聘为国文部部长，后任编译所所长，与众合编教科书、字典和词典，畅销一时，及王云五入职后，最后退居为出版部部长；1913 年时次兄子益被奉为意大利公使，公随行纵览欧洲风景，周历数国。高梦旦一生热爱旅行，寄情山水，1936 年，与张元济、李拔可二人出游四川，返途经过宜昌时感染肺炎，于上海宝隆医院医治中，服用过量安眠药，误死于庸医手中。

高梦旦一生崇尚实事，关切实业，痛恨清淡虚浮之风。三十年编纂小学教科书，三十年提倡十三月历法，三十年提倡简笔字，提倡电报和度量衡改革，作短文发表。虽然没有专书出版，但其改革建议被权力机关落实推行，早年研究汉字改革，后来注音字母、四角号码检字法的发明与普及，均得益于其支持与赞助。

商务印书馆原总经理王云五赞高梦旦为“算学家、鉴衡家、研究家和义勇的胆怯者”；胡适赞道“先生的做人，最慈祥、最热心，他那古板的外貌里藏着一颗最仁爱暖热的心”；蒋维乔认为“高公的性情和易宽厚，语带诙谐，然能断大事，虑无不中”。而高梦旦一直以来持有“成功不必自我，成名不必在我”之旨，倾力为他人提供赞助，提携后人，不好功名。古今之人，与其能比者甚少。

关于本书的编排，还有以下几点事宜需要做出说明：

1. 本书分列著述与追忆两部分。

（1）著述部分收录高梦旦先生于1898年至1936年发表的文章、序跋、书信。通过与现有文献资料的对比和考证，编者确定《论学校不可破坏》《学堂奖励章程疑问》《对于电报局之希望》《电报韵目代日之改革》《论中国民气之可用》《论女子应有参政权》这六篇署名为“崇”或“崇有”的文章是高梦旦匿名发表的文章，一并收录于本书中。

（2）追忆部分收录高梦旦先生逝世后，各界人士的纪念文章、诗词、挽联和纪念活动报道。由于资料有限，本部分中一些化名发表的文章无法考证作者的姓名及生平，实为本书的一大遗憾。

2. 本书收录文献多刊载于民国时期的书刊杂志上。因此，编者在整理时，以尊重文献原貌为原则，对数字写法、文后标注时间格式等未做严格统一。

3. 为了便于读者阅读，编者也对文献进行了必要的修订。

（1）将文献中的繁体字改为规范简体字，但少数有区别意义的，如王動村，仍保留繁体字型。

（2）由于文献发表时间距今久远，部分文献字迹模糊难辨，无法认清的字词以“□”替代。

（3）原文献标点排印存在疏误，部分文献发表时未加标点符号，编者在本次整理中对此做了相应的修改或添加。

（4）文献由竖排版改为横排版后，编者对文献中出现的表格，以及相关指示性文字进行了相应的调整。

（5）文献中的图片影印后模糊难认，编者依据原样进行重绘和替换。

通过对上述文献的搜集和整理，希望能帮助今天的读者们重新认识高梦旦这样一位为中国近现代出版事业的发展作出了杰出贡献，却又极其谦虚温和的出版家，也希望本书能帮助出版史研究者们开拓民国出版文化研究的新视角。由于编者能力有限，本书尚有未完善之处，恳请方家批评指正！

向“现代圣人”致敬（代序）

卢仁龙

二十世纪发生了两件医疗事故，不仅在社会上引起巨大反响，也对中国文化的戕害至深。

1929 年，梁启超因北平协和医院的医生误割他健康的肾而去世，终年 56 岁。七年后，梁启超的莫逆之友高梦旦，在上海宝隆医院因医生误诊，过量服用安眠药而身亡，终年 68 岁。

这一南一北两大名医院，因庸医而葬送了两位中国现代文化巨擘的生命，至今仍让文化界心痛不已。

高梦旦先生去世后，蔡元培先生在当天的日记中写道：“清末，我读其《论拜跪之礼不可行于今》一文而慕之，并撰挽联：‘文章能寿世，菁华尤在教科书。’”之后，蔡元培亲自主持追思会并发表演说。

八十多年过去了，高梦旦“寿世文章”何在？

他的继承者、商务印书馆总经理王云五早年发愿，要记录他关于高梦旦的所见所闻和高梦旦的嘉言懿行，可惜直至王云五 93 岁去世，也没有兑现对高梦旦——这位于他恩惠最多的人的承诺。我们不能不为之感叹！

世事沧桑，高梦旦之事迹、著述，自他去世，就一直沉埋在百年历史的尘埃之中，一代文化教育的巨擘，就这样被后世冷落遗忘了，岂不让人叹息感怀！

一

高梦旦的道德轶事，读此卷可以略知。然而高梦旦之事业、成就和影响，世人知之甚少。试笔如下，以为读者知人论世之助。

第一，高梦旦是一位现代教育的开创者、奠基者。他规划、主持，并与商务印书馆编译所的同人们，为变革中国旧式教育，编写按学制、课时为纲的新式教科书，初步建立现代教科书新体系。据不完全统计，有他署名的教科书达七十多种。高梦旦生前完成了商务印书馆历史上四大教科书中的前三大：最新教科书、共和国教科书和国语教科书。这些教科书，是中国历史上前所未有的，深刻改变了中国最基础的教育。他和张元济及同人们不仅达成"昌明教育"的大愿，而且通过产业化方式，为商务印书馆成为文化教育领域的百年巨头筑牢基础。

第二，高梦旦是一位现代出版业的巨擘。他开辟了现代出版业的重要方向：编字典辞书，办时政、文学、教育、少儿类期刊；翻译日本与西方思想、文化科学著作；传承中华传统文化，为少儿和社会各阶层人士策划知识普及读物。高梦旦入职商务印书馆凡三十五年，其间，由他经手出版的，为商务印书馆带来巨大效益的皇皇巨制不仅有《日本法规大全》《辞源》，还有与"非兄弟直骨肉"的林纾进行了数十年"专卖"的合作，包括近二百册的古文读本、文集与翻译作品等，这可看作文化与出版界的绝唱。更重要的是，他在时代巨变中，高梦旦游历东西，在其所撰"东西文化之论""新旧古今文化之论"诸文中，有选择性地，明智而又开放地支持进步。

第三，高梦旦是一位现代文化教育出版业的引路人、伯乐，亦是保姆，更称得上是集数者于一身的唯一杰出成就者。在首批留日的精英中，大部分人终身追随他：他一见中华书局创始人陆费逵，不仅委以重任，而且以一侄女妻之；为商务创造另一辉煌时代的王云五，是他屈身而得；他在复旦公学任监督期间，发掘了才学过人的钱智修，待其毕业之后便引入商务，后来钱智修十三年主持《东方杂志》……高梦旦所带来的社会影响与变革，难以述尽。三十多年间，无论是政治、文化遗老，留学日本、欧美英才，还是馆内外后学少年的成就，都无法与他割裂开来，其中具有代表性的人物就有如郭沫若、郑振铎、胡愈之等。

由于资料的缺乏，高梦旦今天成为一个知其伟大和卓越的文化领袖，今人却无法表述叙写之人。

二

高梦旦一生有三个罕见且不类常人的举措：一是弃科考，二是不从政，三是投身出版后废著述。

友人纪念他的文章中，都叹息他投身出版后，不仅是不措意于文章，甚至故意废著。即使有之，亦化名刊出，如《东方杂志》创刊号“社说”中的《论中国民气之可用》，此篇即以“崇有”之名发表。但对谋划出书，新人撰编，则终日汲汲，终身惶惶，唯恐有失或无成。这内在的原因是“他人已立代己言”，就如他终生奉行的“功成不必在我”的人生信念。他有意不为，以过分谦虚的姿态，隐没了自己，这就是胡适多次尊他为“圣人”的原因。今天读者有幸捧读斯编，当以胡适所言不虚也。

本书仅选录高梦旦文章，未及专著。借此亦做介绍，以飨读者。

其一，《泰西格言集》，收在日本出版的《闽学会丛书》中，是高梦旦1903年任浙江求是书院督学期间编译的一本小书。全书选录了数十位欧洲哲学、思想、文学、宗教大家的精论，据日文翻译而成。值得介绍的是，高梦旦是一位精通日文的学者，曾计划翻译日本著名法学家织田万的《法学通论》。《闽学会丛书》宣传目录有“高梦旦译”，但1907年商务出版时则署名刘崇祐。

其二，《十三月历法》。本书研究历法，改革历法，是高梦旦从中国与世界接轨的角度研究的课题，也是他作为出版家罕有的科学与逻辑特质的表现，王云五在《十三月新历法·序》中说：“高先生所刻意研究者，历法之外，为度量衡、货币、利率及数字用语等，关于上述各科之著作，业已次第刊布。高先生无论研究何种学问，皆能表示其独立之思想与卓绝之论述。”

此外，他在立宪运动中，编有《咨议局章程表解》，把咨议局各层次关系用图表列出，“其法律名词或代以通行之语，或稍加解释，一览即明”。还有《九年筹备宪政一览表》，“是表以筹备立宪事宜分列三表：第一表以年为纲，第二表以事为纲，第三表以官为纲。凡筹备之先后、各事之关系及职守之所在，了如指掌”。另与孟森、杜亚泉、陶葆霖合编《各省咨议局章程笺释附议员选举章程笺释》。

三

高梦旦是胡适一生中至亲挚友之长者，胡适以经历和所感，为他心目中多次称举的“圣人”写传，还将传改为碑文，并自书一通。胡适所写的高梦旦传记，在二十世纪四十年代曾入选国文课本。高梦旦先生之史事幸得一时广为传颂，仍然铭记在老一辈心中。冰心老人就将这位乡贤前辈誉为“知识大师”。这不仅是百年回应，也几成空谷绝响。今天，高梦旦的遗文、传记史事汇为一编，足当沐手捧读。“新史料”的呈献，弥补的不仅是出版史、文化教育史中缺失的一环，遑论对商务印书馆馆史研究之帮助了。

中华先贤以人生三不朽——立德、立功、立言为精神归依。孔子删《诗》，编定群经，乃肇启编辑之途。之后两千余年，多少仁人志士投身其中，舍立言，废著述，而编刊往哲或时贤著作，代不绝书，写就了一部厚重的中华出版史、图书史，乃至文化史之主干。数以千百计的编辑家与出版家，以生命和智识，传播中华文化的智慧，凝聚出了一种专有的文化精神：甘于奉献的高尚道德。用现代的话说，就是“为他人做嫁衣裳”。这种文化精神，成为现代出版职业的基石与出发点。

作为编嫁衣的真正出版人，本身具有良好的文学学养、知识视野，同时具有思想、文学、历史知识储备，但为了让有价值的作品更好地传播，他们牺牲个人撰书之业，把生命和智慧投掷在编辑事业中。孔子就是最早的典范，他没有像当时诸子百家一样从事立言著书。后世传颂的东方圣典《论语》，是他的弟子门生汇集而成。

孔子后，纪晓岚又是一位最具仪范之人。作为《四库全书》的总编纂官，自52岁投身于《四库全书》编纂大业后，纪晓岚心无旁骛，舍弃著书立说，自觉、主动地在学术上缺位，其学识、才情之高博，不仅得到乾隆皇帝的青睐，也折服了当时学术水平甚高的数百位编纂馆臣。我们今天读到的纪晓岚传世的《阅微草堂笔记》，仅仅是他编书之余自娱调剂的娱神说怪之作，完全不是古代尊经重史之著，只能侧列于“小说家言”。但我们从纪晓岚上奏乾隆皇帝的《四库全书表文》，可领略其学识之渊博，文辞之壮美。他以编纂《四库全书》之伟业辉耀古今，赢得了后世的尊敬。

古代如此，现代化出版业兴起后，筚路蓝缕的先行者，在古德旧光的基础上，将出版人甘于奉献的职业精神发扬光大。这其中以商务印书馆的创始人张元济、高梦旦最为典型。

我们先来说张元济，这位与高梦旦共事一生的人，以93岁的高龄去世。张元济少年科举得志，26岁问鼎古代学子最高梦想——进士及第，32岁因参与戊戌变法而被革职且永不续用。此后，张元济终身投入出版事业。但其个人署名的作品公开的仅有数万字的《中华民族的人格》。这还是他抗战时期感愤时事、选译史传数篇为白话的一部作品，实难跻身于著作之林。尽管我们今天所见《张元济全集》达十卷之巨，虽蕴其学，但究少鸿篇巨制。所含学术作品，一为代他人所撰的《宝礼堂宋本书录》（原署潘宗周），今得复旧观；一为《涵芬楼烬馀书录》《校史随笔》，二者虽精构，但皆为群友同僚督促、襄理而成。张元济先生为出万书而废立言，唯有纪晓岚可与之相比。

至此，我们对于高梦旦先生不能不有所感矣。他以乡塾之师，首刊维新之作于《万国公报》，后以“废拜跪”之奇文而让梁启超击节不已，梁启超与《时务报》主人力邀其任主笔。梁启超写《变法通义》，麦梦华编《皇清经世文新编》（1899）皆收录其说。时在南洋公学的蔡元培慕之，在为学生编辑“富有新思潮及革命倾向者之作”《文变》三卷时，收录其文，足见其对高梦旦人品、思想及文笔的认可与推崇。

四

用作品纪念先贤，是我们出版后辈该为之事、所期所待，读者当有所悟也。

近二十年来，我因工作和志趣，学习研究商务印书馆馆史，甚究心于广搜中外有关馆史史料，构拟过专题写作计划，并鼓动友人参与，乃至分撰一二稿。有如锤击钟者，有勇为而无力者，有诺而不为者，尤以高梦旦研究及资料搜访为畏途。

2015 年，《中国出版家》丛书曾热情邀我为高梦旦作传，忖思良久，终不敢动笔。倾力为之，三载乃成《高梦旦传》一稿，以史料搜匪易，精力不济，亦学有不逮故也。所幸者，曾应友人之邀，在高梦旦故乡福州的一所，为全校师生讲及高梦旦及其朋友圈，听之者亦甚感新奇。

时疫首荡神州，逼退事务，家居笔耕，忖思得做必须做之事，因构拟《高梦旦传》一稿，初心既定，翻检所结资料，寻索群书，立意并有“文辑”“史辑”及“年谱”附出之设想。既为传记已撰写奠一基础，亦为后人研究之所助，幸得群友同志之助，所获差强人意。

高梦旦著作结集重光，时人及后辈叙事记录复章，愚所撰《高梦旦传》近将蒇事，二书并行，问世有期。“圣人”高梦旦的背影，恍惚可见，高贵的灵魂，一生的伟业，必会启发后世。

其间，乐闻叶新君及其弟子周伟俊君志业，专辑高梦旦著作及史传一书，心为之喜。初读其稿，用力甚勤，不仅为高梦旦文章、道德“寿世”之事，亦为文化、学术界慰情之举。乐为之序。

2021.11.8

目录

著述

论述

追　忆

著　述

|论 述|

论学校不可破坏[1]

西哲之言曰："恶法律诚不如善法律，然犹愈于无法律；恶政府诚不如善政府，然犹愈于无政府。"余亦曰："恶学校诚不如善学校，然犹愈于无学校。"

东西各国所以治平富强，千端万绪，不能仆数。而教育普及，实为根本之根本，此有识所同认，无可复疑者也。大奥志尼曰："国家基础，在少年教育。"英吉利属地遍五洲，国旗所建，无日入之时。论者推其所以致此，实由教育完全，养成国民守信忍耐之气质。普鲁士战胜法兰西，统一德意志，执欧洲牛耳。威廉第一，不谓其将士之武勇，器械之坚利，独以不世伟业，归功于小学生徒。由斯以论，舍教育无以言兴国矣。

我国古来教育，不可得详。三代所谓党庠术序，大纲颇具，然岁逾二千，影响不及后世。其建设支配教程规则，书阙有间，又无以适于今日之用。通商以后，洋学渐兴，然所设学校，不过为培译才，其上者稍采取艺学，固未知教育之原理，迩来教育普及之语。始有人道之，公私学校，接踵而兴，虽复屈指可计，亦不能谓毫无进步。乃学界风潮，忽然而起，冲突之事，无校无之。轻躁者益无顾忌，日日言破坏，不知所底，旧者快意，新者寒心。

---

① 高梦旦以"崇有"之名发表此文。——编者注

此诚教育前途之深忧，抑亦过渡时代所必不得免，而维持补救之，尤不可无术以处此也。

今日学校冲突之原因不一端，冲突之现状不一类，奇奇怪怪。有出情理之外，而其最重要之事，则教育者之压制，被教育者之乱暴是耳。教育者之言曰：“学生如是乱暴，必不可留也。”被教育者之言曰：“学校如是压制，必不可居也。”于是而全班斥退矣，于是而全校散学矣。呜呼！天下岂有不可留之学生也，天下岂有不可居之学校也。即曰真不可留，则取其尤者而去之，何必斥及全班也；即曰真不可居，则择其善者而迁之，何必挟以全校也。呜呼！矫枉过正，循此不已，吾国教育前途，其可问耶。有心之士，方且调护挽救之不暇，奈何又鼓其波而激其流也。

学校者教人之地，学生者受教之人。人惟无完全之智识，无完全之道德，无完全之学问，而后入学校，为学生，则其不能尽善，自然之理也。任教育者以先知觉后知，以先觉觉后觉。学生而不善，教育者方当愧其感化之未至，处理之未固，以学生之罪为己罪，力求所以改良，必得当而后可。万不获已，则去其太甚者，以警其余可也。奈何以一二人之故，而罪及全校之学生，奈何以一二校之故，而疑学校之不可立也。吾敢正告吾国之教育者曰：“勿以学生之乱暴，而破坏学校也。”

吾国教育幼稚，学校规则之不良，讲师学业之不精，此诚无可为讳者也。被教育者，既环顾海内无适当之学校，足以如吾志，又不能弃学不求，则凡校中有一二足取者，不必苛责，以徐俟其进步，以婉求其改良，而祈渐达吾目的斯可矣。奈何以区区小节激动全体，争一日意气以为快也。吾敢正告吾国之被教育者曰：“勿以学校之压制，而破坏学校也。”

虽然学校之冲突，自其表面观之，在教育者之压制，被教育者之乱暴，而其中有间接之原动力。则身躯任教育，负海内众望，以报章演说，主张破坏学校，而耸动少年者，实为之魁。吾敬其人，吾哀其志，而惜其智虑之未周，手段之未善，尤不能不反复辩之。

吾国学校，规则之不良，教科之不完，不自今日始。然昔也相安无事，今也冲突屡闻，则必有任其责者，吾非敢谓前此之相安为尽善也。夫以不良之规则，不完之教科，区区数校，长此终古，则亦何贵有此教育。然游学渐众，成才渐多，海内外人士，究心教育亦渐有人，固可望其徐徐推广，徐彼改良，虽曰缓图，终有大效。今一旦主张破坏，萌芽初生，遽从而孽之。则守旧将益有所借口，视学校为害物，即稍喜学新之人，亦将以此为畏途。富者不敢出其财，能者不敢任其事，势将使全国学校渐归消灭，不亦可悲乎。

或谓欲建设，必先破坏，政府然，学校亦然，吾以为非也。政府为国家主权所寄，可一不可二，不破坏必不能建设。破坏旧政府，建设新政府，其惨剧之状，苟非万不得已，仁人君子，犹不忍为之。学校者多而益善，虽累千万亿不为赘也。有志之士，果以旧学校为未善，力能建设一完全无缺之新学校，使我国民多一受教之地，则不必破坏旧学校，而后建设新学校也。且新学校果能尽美尽善，可为旧学校之模型，以促其改良。不此之图，日日鼓吹少年，以破坏学校，为唯一主义，何其颠耶。况旧学校破坏之后，能建设新学校者，十不得一二，其一二中又未见其果良于旧学校也。今日学校通病，一言以蔽之曰："以不知教育之人，任教育之事而已。"求其致此之原因，则亦人才缺乏使然。吾非敢谓今日之教育者以学校为利薮，而窃肆威权者之无其人也。然亦有实心办事，限于才力，孤立无助，而不能达其志者。此等学校，方且哀矜之不暇，教之诲之，使渐就于良善。乃一概破坏之，而建设新学校，卒之新学校之财力，尤逊于旧学校。所谓规则教科，平均计其短长，或反不及焉。夫以笃志热心之士牺牲其身，冒千辛万苦竭蹶奔走，创立新学校，力不从心，吾又何忍深责之，特怪其不必破坏可以建设者，舍而不为。而所谓破坏不能建设者，反毅然为之，吾所以不能无疑也。

或者又谓新学校之规则教科，诚未必远过于旧学校。然既有宗旨，即有精神，此新学校之所长也。吾又非之。陆克曰："肉全之精神必寓于完全之肉体，盖天下有无精神之形式，无无形式之精神，皮之不存，毛将安附？"

学校之设，无论普通专门，皆有科学以为之基。今舍形式而言精神，则亦曰理论而已，曰思想而已，曰宗旨而已。吾非谓斯三者，非教育之要具，但仅有此三，可谓之演说堂，不可谓之学校。完全学校之资格，其精神必有所寄，非可徒借空言，谓遂尽学校之能事也。

或者又曰："学校以养成独立不羁之性质，非栽培奴隶也。"今之旧学校，教育者既多野蛮，以服从压制为事。即使科学完全，卓然成才，亦不过栽培奴隶，非徒无益，且又害焉。此尤非通论也，吾国学校既无处不破坏，宜其无处不压制矣。然能破坏此学校者，即曾受压制之学生也。吾谓学校无论如何压制，学生必不致皆为奴隶。盖学校所教者新书，所读者新书，足以输进新思想。一学之中，教育者以十计，被教者以百计，必有一二学识过人在其间，互相观摩。故凡在学校稍久之学生，其学识志趣，必比受家庭教育者为优。即今日所谓志士，亦多从学校中来者。吾国学校，既尽用压制，而结果卒反是。然则野蛮学校，可以养成文明学生，可断言也。又况所谓学校，未必尽野蛮乎，则又何忍一概破坏之也。今更以东京之事证之。东京学生几千人，叩其自来，则曾受旧学校之教育者十之七八，其进日本官私各校，则在旧学校愈久者进步愈速。此即所谓野蛮学校之明效大验，而不可厚诬者也。余去岁东渡，颇思求学。徒以少时未入旧学校，普通学外国语，毫无所知，且性惯放纵，不耐苦读，迄今阅十月，一无所得。方恨不假我数年，先入所谓野蛮学校，受所谓野蛮教育，然后再游外国，其或有得也。吾身已矣，窃愿吾国上下新旧协力同心，以振兴教育为首务，扩充既设之学校，建立未设之学校。多一校必有一校之益，则教育前途，其或有望乎！则中国前途，其或有望乎！

（原载《政法学报》1903 年第 4 期）

学堂奖励章程疑问①

我国教育进步迟迟，当事者设为奖励章程，既予以科举之虚荣，又重之以职官之实利，其用心不可谓不苦。虽然，是道也，果行之有利无弊乎，则不可以不研究。

世之论学堂奖励者，大抵有二。曰以官职诱学生，使全国青年沉迷利禄而不求实际也；曰所学非所用，其弊与科举等也。斯二说者，吾亦以为然。然吾尤有一说，足以知奖励章程之必不可以久也。何也？奖励云者，所以促教育之发达也。教育果发达，则奖励之策必不能行。今请列表以证明之，则此问题可不烦言而解决矣。

第一 学部奖励一览表

学堂种类		出身	授职（奖励以中等以上为限，下等不列）
第一级	分科大学	进士	编修 检讨 庶吉士 主事
第二级	高等学堂	举人	内阁中书 中书科中书 各部司务 知州 知县 通判
	政法学堂	同上	同上
	高等实业学堂	同上	知州 知县 州同
	优级师范学堂	同上	内阁中书 中书科中书 各部司务
第三级	中等实业学堂	拔贡 优贡 岁贡	州判 府经 主簿

① 高梦旦以“崇有”之名发表此文。——编者注

续 表

学堂种类		出身	授职（奖励以中等以上为限，下等不列）
第三级	初级师范学堂	贡生	教授 教谕 训导
	中学堂	拔贡 优贡 岁贡	

注：表中将各学堂程度相等，并为三级，以便比较。

第二 日本毕业生一览表

学堂种类		毕业生数	每级合计
第一级	分科大学	一三〇〇	一三〇〇
第二级	高等学堂	一二三九	六六九六
	专门学堂	四一二四	
	高等实业学堂	一〇九三	
	高等师范学堂	二四〇	
第三级	中等师范学堂	九五五四	三五三三八
	初级师范学堂	八四八二	
	中学堂	一七三〇二	

注：据明治四十年文部省年报。

由上二表观之，我国奖励之方法，如此其优，日本毕业之学生如此其众。设我国数十年后，教育发达等于日本今日之状况，则每年各学堂毕业生之人数，必十倍于日本之今日（我国人口四万万余，日本人口四千余万）。毕业生之人数，既可推知，而所谓出身授职之数，亦不难预拟而穷其弊害矣。

第三 科举与毕业生比较表

科举时代额数		毕业生额数	倍数
进士	一〇五 （将每科三年之总数以三除之）	一三〇〇〇	一二四
举人	五三七 同上	六六九六〇	一二五
贡生	九九〇 拔贡 优贡 岁贡	三五三三八〇	三五七

由上表观之，教育发达后，每年毕业生应得之出身，较之科举时代，其数骤增。若更积以十年，则进士之数至十余万，举人之数至六十余万，贡生之数至三百余万，名器既滥，则人将敝屣视之，又何足以鼓舞人才耶。

第四　职官员额与毕业生授职比较表

<table>
<tr><th colspan="2">总数</th><th>官名</th><th>设官额数</th><th>毕业生授职额数</th><th>倍数</th></tr>
<tr><td rowspan="4">第一级</td><td rowspan="4">三五八</td><td>编修</td><td>一二七</td><td rowspan="4">一三〇〇〇</td><td rowspan="4">三六</td></tr>
<tr><td>检讨</td><td>一八</td></tr>
<tr><td>庶吉士</td><td>六二</td></tr>
<tr><td>主事</td><td>一五一</td></tr>
<tr><td rowspan="7">第二级</td><td rowspan="7">一六六二</td><td>内阁中书</td><td>一二四</td><td rowspan="7">六六九六〇</td><td rowspan="7">四〇</td></tr>
<tr><td>中书科中书</td><td>六</td></tr>
<tr><td>各部司务</td><td>一四</td></tr>
<tr><td>知州</td><td>一四六</td></tr>
<tr><td>知县</td><td>一三二五</td></tr>
<tr><td>通判</td><td>一三〇</td></tr>
<tr><td>州同</td><td>三七</td></tr>
<tr><td rowspan="6">第三级</td><td rowspan="6">三一四〇</td><td>州判</td><td>四九</td><td rowspan="6">一八〇三六〇
中学未授职故不计</td><td rowspan="6">五七</td></tr>
<tr><td>府经</td><td>一七九</td></tr>
<tr><td>主簿</td><td>九七</td></tr>
<tr><td>教授</td><td>一九七</td></tr>
<tr><td>教谕</td><td>一一一七</td></tr>
<tr><td>训导</td><td>一五〇一</td></tr>
</table>

注：编检无定额，今照丁未年之人数为准，庶吉士则照甲辰年之数。

由上表观之，职官之员额，既有定数，而每年之毕业生应授职者，如此其众。积之十年，以数百人而共一官，将令候选耶。既永无得缺之日，将令分发耶。则人浮于事，必较之科举捐纳时代尤为拥挤，而钻营奔竞之风，将有不可思议者矣。

综上四表观之，奖励章程果能使教育发达，则章程必不能行，固不可以不改也。若不能使教育发达，则章程为无效，尤不可以不改也。若谓借奖励之美名，而故苛其转学、升学、考试、复试之规则，利用科举故智以束缚初萌之教育，阻遏前途之进步，则为祸之烈，吾不忍言之，想亦非当事者所乐出此也。

（原载《教育杂志》1910 年第 1 期）

敬告教育部

国何以盛，进国民之程度，斯国盛矣。国民程度何以进，兴教育，斯国民程度进矣。我中华民国，自专制一跃而进于共和，诚可沾沾自喜，然而内顾我国民，果能应用此共和政体与否，则视其程度。欲高其程度，舍教育末。由此教育为国家之根本，而国民教育又根本之根本，不待言也。

国民之教育以普及为目的。欲达此目的，必有强迫之手段，斯固然矣。然对于经济、交通、制度、习惯种种方面，宜如何利其进行，去其障碍，千端万绪，非仓促所能致。是宜先行调查、先行研究，依社会之状况、谋助长之方法，循序渐进，以达最终之目的，此就积极方面言也。至消极方面，则主持教育者，关于发号施令，必不可轻率从事，以阻碍教育之进行。以吾中华教育之幼稚，但使国民能受不完全之教育，所得已多，不必绳以苛法也。

闻者疑吾言乎，请先言前清学部之所以失，可以知之矣。前清学部设立仅六年，法令如牛毛，案牍所积，高可隐人。虽世界文明国其法令之繁富，无以加矣。宜其教育之发达，不在先进国之后。乃观其内容，关于学制之法令，既极繁琐。而所谓转学、升学之制限，考试、复试之程式，修业、卒业之文凭，学部、学司之稽核，冠服、礼节之形式，陈陈相因。名为整齐划一，实则束缚驰骤，使办学者、就学者，动触法网，牵掣而不能自由，彼非有恶乎教育也。根本上之误点，在以官吏为奖励，不能不故靳之耳。甚至私塾之设立，家庭之教育，亦加以干涉。日日言推广学校，而知书识字者反日以少。偏僻之地，一县学校，不过三五所。而原有之家塾蒙馆，以不合法令，渐就消灭，斯真可痛哭者也。

今者教育部既发通令，废止奖励，则前清种种之限制，自可消灭。至于学校制度，吾以为不必求全责备，但宜粗定大纲，使办学者有游刃之余地，然后人人兴起，而教育始有发达之可望。此立法者不可不注意也。

吾非敢谓学制之不当规定，不当划一也。徒以我中华幅员广大，地方风气程度万有不同。不能据规定划一之办法，以蹈削足适履之弊。今夫穷乡僻壤之地，欲求一二寻常师范生，既往往不可得。既达学龄之儿童，以樵牧馌饷之役，亦难责以一日数时数年就学之义务。若必限定学科学年学时，始得设学，吾恐学童之废学者，将不可胜数矣。

教育部编定学制，宜揣度吾国所可行者，定一适中之制，以为通则。并许各地方，得依其本处之状况，增减变通之。其视学员调查各地教育，苟有进步者，皆为表彰如甲地有完全学校，则以增多改良为进步，乙地仅有不完全之学校，则以完全为进步，丙地无学校，则以有学校为进步。即使必修各科偶有所缺，亦无不可。不必预定标准，数年之后，教育渐普，程度渐齐，然后再谋统一之规制，未为晚也。

或疑学校制度任各地自行变更，则转学升学必多窒碍。不知吾所谓不完全之教育，将以施之于无教育之地，无教育之人而已。若曰非完全之学校，不许设立，吾恐失学愈众，更无转学升学之可言矣。况曾受不完全之教育，犹可补习其所不足，使渐进于完全乎。东西先进国，已行强迫教育制度者，犹有夜学校、半日学校、星期学校、代用学校，以为补助教育之机关。况吾中华之教育方始萌芽，奈何好高骛远，责人无已乎。

以上所云，为国民教育计耳。至于人才教育，如专门高等之学校，原不得以此为例。然当此百废待举、需才孔亟之际，但使有能培植一技一能，虽偏而不全，驳而不纯，苟足以供社会之用。教育部亦当谋所以奖进之，不可拘以成格也。

西谚曰："恶法律诚不如良法律，然犹愈于无法律。"吾亦曰："不完全之教育，诚不如完全之教育，然犹愈于无教育。"吾敢正言以告教育部曰："促进教育之道，有指导而无干涉，有奖进而无阻遏。"子谓卫公子荆："善居室。始有，曰：‘苟合矣。’少有，曰：‘苟完矣。’富有，曰：‘苟美矣。’”以吾中华教育之幼稚，吾亦但求其苟有，斯可矣。若必责以完美，即使竭蹶从事，受其赐者，不过都会繁盛一部分之人民，欲求全国之发达，未易言也。

抑吾更有进者，立法之道，期在可行。强人以所难行，则人民无所措其手足；不行，则失政府之威信。前清之所以亡，其端非一，而有法不行，亦其一因也。斯言也，不独教育部言也，深愿立法者，爱护法律，勿率意径行也。

（原载《教育杂志》1912 年第 11 期）

蒙回藏教育问题

前清时代，视蒙回藏为藩属，羁縻勿绝，故学部设立数年，蒙回藏之教育，殆熟视若无睹也。今者民国教育部，初开中央教育会议，即提出蒙回藏教育问题，诚得当务之急矣。虽然当世教育家，其有能深知蒙回藏之情况者，殆不多觏，记者于蒙回藏事实，毫未研究，更无讨论此问题之能力，何敢舞文弄墨，自欺欺人，然所以研究此问题之要点，与施行之方针，则固可得而略言也。

蒙回藏教育问题，其最困难之点，首在语言文字。蒙回藏民族各有特种语言文字，与内地绝不相通。今者既合五大族而为一民国，非亟谋同化，无以巩固国家之基础。然则必使蒙回藏民族皆通国语国文，而后得䜣合无间。不然，中央之政府议会中，蒙回藏民族殆无容喙之余地，所谓合各民族为一国，人人平等，有参政之权，殆终无实行之日也。

蒙回藏土地旷大，回疆一方里之地，平均二人；西藏一方里之地，平均一人；蒙古则五方里之地，平均仅得一人，合计三部之土地，二千余万方里，人数不过一千万，地旷人稀。但施普通教育，即已甚难，若欲于蒙回藏之本土，各以其固有之语文，建立种种高等专门学校，以多数经费，培植少数学生，既事势之所不能。且以本土之语文，教授高尚学术，又何从得此适当之教员，然则蒙回藏民族，终无高尚教育程度，既低欲使与内地人民，有齐等之能力，齐等之权利，又乌可得乎。以此言之，非授以国语国文畀有游学内地之资格，殆无术以处之。记者敢断言之，曰蒙回藏教育之方针，以注重国语国文为第一义也。虽然素无教育之人，而骤授以不相习之语文，势必扞格不入，一也；内地语文，在本土无所用之，二也；浅易之常识，必以不素习之语文授之，所得必少，三也。故为久远计，欲增进其文明，以渐收同化之效果，宜授以内地之语文；为目前计，欲养成其常识，以供一时之应用，宜授以本土之语文，二者各有利弊。于是乎，有折中之道，以本土之语文为主，以内地之语文为辅，大抵初等小学国语科占四之一，高等小学国语科占三之一，中学国语科占二之一，既卒业中学者，必使能习普通之国语。苟欲游学内地，稍加补习，即可入高等专门学校，以受高尚之教育或被选举为议员，或被任命为官吏，亦不至以语文阻隔斯得之矣。

此就通常教育言之，此外更宜于尤繁盛之区，设立国语专修学校。有志从内地事业者，得借此悉心研究，以期速就其与本土有关系之事业，更宜设立特种专门学校。中小学卒业生，不能游学内地者，得借此以求实学而增其程度，此其大略也。

若夫学校之编制，宜以人口之疏密、生活之状况为衡；教材之搜集，宜以人民之风俗、地方之产物为衡。苟非实地考研，岂能向壁虚造，则宜特设蒙回藏教育调查局，派遣人员分赴各地，随时报告，而后有着手之方法。惟习蒙回藏之事实者未必知教育，知教育者又未必习蒙回藏之事实。且不通其语言，调查所得必不亲切，则宜设立蒙回藏教育研究会及蒙回藏各种语言传习所，以为先事之预备，虽曰旷日持久，而事实之顺序固不能不如是也。

或疑日之于台湾，英之于印度，未尝强其土人习国语也。曰彼以属地为殖民之计，移殖之本国人为一级，固有之土人为一级。对于移殖之本国人，必授以相当之教育，其固有之土人，但使能守法律，备役使，足矣。我中华合五大族为一国，对于蒙回藏岂可以藩属相待，奈何以日之台湾，英之印度为例乎。澳大利亚、瑞士等国，语言最称复杂，其政府方力谋统一之政策，盖非此不足以团结其人民，而巩固其国家也。

蒙回藏以语文不同，设施教育如此，其困难也。然则内地各省虽称同文，而语言之歧异，不啻异域。苟无所以统一之道，将使蒙回藏民族遍习各地方言，而后能通全国之情，此岂可能之事乎，是则统一国语，实为根本之计，以不涉于本问题，故不详之。

（原载《教育杂志》1912 年第 5 期）

采用周历案[①]

一、理由[②]

（一）周历纲领

本历以周历为单位，故名周历。

每周七日。

每月四周，廿八日。

每年十三月，五十二周，三百六十四日。

平年余一日，闰年余二日，是为岁余。岁余置于年终，不计入每周每月之内。

每月一日为周一（月曜），二日为周二（火曜），七日为周日（日曜）。

每年以春分为岁首（春分有一日之差，今以现行阳历之三月廿一日为岁首）。

（二）我国历法之沿革

我国历法，相传始于黄帝。《尚书·尧典》载义和授时事，虽正确之年不可考，大抵均在四千年以前。其后虽稍有变迁，迄于清末，殆全用所谓阴历之制度。宋沈括主张废除闰月，每月以卅日或卅一日为断（见《梦溪笔谈》）。与现行之阳历相合，而尤为整齐划一，惜未见实行。太平天国之历法，亦与阳历相类，推行之时期甚短。民国纪元，始采用阳历，诚以其为较进步之历法也。

---

① 原文献在主标题下有“高梦旦提，全国教育会议大会通过”的副标题。——编者注

② 为便于读者阅读，按现行方式修改标题级别。——编者注

（三）阳历之缺点

阴历二三年有一闰月，相差过巨，诚不如阴历闰日之便，然阳历之缺点，亦复不少：每月之日数不同，一也；二月仅廿八日，较之一月差至三日，二也；近代趋势，七日一周，殆占历法上最重要之地位，阳历之月，与周并无何等关系，不特记忆困难，即实用上亦多冲突，例如佣值、屋赁，或以月计，或以周计，收入支出，未能适合，三也。

（四）改历之经过

阳历既有不便，颇思有以易之。因于公元一九〇三年有《改历私议》之作（见癸卯正月《新民丛报》第二十六号），大旨与篇首《周历纲领》略同，不必更述，兹就各国改历问题与周历有关系者，略举于后，并论其得失。

1. 一九〇五年，佐治斯而氏、赫德华氏主张一年定三百六十四日，分为十三月，其所余之一日又四分日之一，于每五年之末增加一周。（见东方文库《新历法》）

按：二氏主张大体与周历相同，但以所余者作为闰周，虽比阴历之闰月稍胜，实不为如阳历闰日之善。

2. 其后，客止温斯氏主张以耶稣诞生日为无日或称世界安息日，其他一切与周历无异。（见同上）

按：客氏主张当然较前二氏为胜，但所谓安息日，不免有宗教臭味，不如谓之岁余，尤为正常。

3. 一九一二年，瑞士有“万国改历会”之设，其后国际联监会亦注重此问题，特设专员以司其事，近该会收到议案二百余种，经专员研究，择其有价值者凡三类：

第一类 每年十二月，每月至多卅一日，至少卅日，每季九十一日，惟第四季为九十二日。

按：此法之长处，四季较为平均；每季之周日有一定，较易推算，如第一季第一日为周日，则二三四季之第一日亦为周日。但每月之周日，又各不同，与阳历相差无几，其改革不彻底，殊无更张之必要。

第二类 一年定为三百六十四日，平年以一日为空日，闰年以二日为空日，不计入每周之内，一年仍分为十二月，八个月卅日，四个月卅一日。

按：此法周日永远不改，是其特长。但既以所余之日为空日，则何妨径用第三类之为愈。

第三类 一年三百六十四日，平年一日，闰年二日，为空日，与第二类同。每年分十三月，每月廿八日。

以我国言之，南北相距卅六度，寒暖不同，农事之相差不仅以一月计。且历年之设，犹如符号便于记忆，便于言说而已。至于事实上三年度，则因事因地，各取其便。如学校年度、会计年度，不依历年，即其先例也。

（五）减日问题

每年三百六十五日，减去一日，以迁就周与月，未免贻削足适履之诮。不知每年三百六十五日，又四分日之一，阳历以三百六十五日为平年，实际上减少四分日之一，三百六十六日为闰年，实际上增加四分日之三，然则阳历之不能无增减，殆与周历相同。

二、办法

交中央研究院研究，俟有结果，再由大学院呈请国民政府，令本国出席国际联盟会委员建议于各国，请其采用周历为世界公用之历法。

按：原案办法为

（一）由全国教育会议共同研究。如以为可行，即呈国民政府，于民国十八年春分日实行周历，以为世界各国倡导。

（二）全国教育会议如以为可行而以一国立异为不便。拟请呈国民政府，饬本国出席国际联盟会委员，建议于各国以上二者，希望全国教育大会，议决采用其一。

（原载《河南教育》1929 年第 20 期）

再论纪年

距今三十年前，曾有《改正朔易服色私议》（见一八九六年六月《万国公报》），《论纪年书后》（见一九〇三年《新民丛报》二十六号），大旨以中国纪年，百年屡易计算不便。主张采用西历纪年，以与世界相一致。但西历纪年，距今不及二千年，其二千年以前之事迹，须逆推而上，不甚便利。拟于西历纪元前，增加若干年，以便计算。岁月蹉跎，久而未就。近读张国维先生所著《中国公年之创用》(见一九三三年《科学世界》第二卷第三号)，实获我心。张先生以黄帝之纪元前三年，为中国公年之始（以下略称公年）。兹为编比较表如下：

中国旧年号	西历年次	中国公年
黄帝纪元前三年	前二七〇〇年	元年
黄帝元年	前二六九七年	四年
汉平帝元始元年	元年	二七〇〇年
民国元年	一九一二年	四六一二年
民国二二年	一九三三年	四六三三年

中国纪年，以甲子（六十年）为周期，已成习惯。史称黄帝元年为甲子，亦系迁就周期，未必果为事实。张先生所创之公年，不以黄帝纪元之甲子为元年，而以黄帝纪元前三年之辛酉为元年。见解超脱，不囿于旧史家之成见。尤属可佩。兹更就公年制之优点，具体列下：

(一)公年年数，自上而下，计算便利。较之中历屡易纪元，及西历纪元前之年数，用逆推方法均不可同日而语。

(二)增加二千七百年，与西历对照，较为整齐，颇易记忆。

(三)二千七百年，得以四及百整除之。与逢四置闰，逢百停闰之原则相合。

第一项之优点，可谓尽美尽善。无论何人，不能更持异议。第二三项，虽有优点，但尚可更求更彻底之改进。兹拟两办法如下：

(一)于西历纪元前，增加三千年。

(二)于西历纪元前，增加一万年。

增加年数，原属假设，以便计算；于事实上并无何等根据，且亦不必需要根据。但为计算便利及与西历年数对照起见，二千三百年不如三千年，尤不如一万年！兹以本年(西历一九三三年)为例，分为甲乙丙制如下：

甲制	增加	二七〇〇年	共计	四六三三年
乙制	增加	三〇〇〇年	共计	四九三三年
丙制	增加	一〇〇〇〇年	共计	一一九三三年

以上三制，当然以丙制为较善。盖增加万年，则无论何年，其数字如何复杂，均易计算。欲由西历纪元后求公年，但于数字第一位之前，加“一”字(如一九三三年，则为一一九三三年)。欲由公年求西历，但将数字第一位之“一”字减去(如一一九三三年，改为一九三三年)。其他数字可以一切依旧，不必更张。或疑增加万年，迹近夸张，不如二千七百年，或三千年之切于实用。窃谓万年之数量，诚为庞大，而“万”之数字，欲甚简单，中外史迹，有年数可考者，现虽未臻万年之久，但机械愈进步，交通愈发达，旅行家考据家，所发掘之古物，地域亦愈广大。所得史迹，发掘之时代愈后，而发现之事物愈古，为事实所昭示。即如埃及史迹，考据家有推定为西历五千五百余年以前者，虽非绝对正确，但仅仅增加二千七百年或三千年，不足以应用，则可断言也！

克历闰法，逢四之年置闰，逢百之年停闰，逢四百之年又置闰。公年制，增加二七〇〇年。对于闰法，能以四及百整除之，是其长处；不能以四百整除之，是其短处。

克历闰法，三千年有一日之差。现在西历已近二千年，更加二七〇〇年，相差已逾一日。回历逢四之年置闰，与克历相同。逢一二八之年停闰。历八万年始有一日之差，又较克历为进步（详见《十三月新历法》第二章第三十四节）。今依西历增加万年，更以回历闰法；将最近千年间停闰之年，列下：

一二〇三二　一二一六〇　一二二八八　一二四一六

一二五四四　一二六七二　一二八〇〇　一二九二八

最后将个人所主张纪年之办法，简单总括如下：

（一）依西历纪元前增加一万年，今年西历一九三三年，应作一一九三三年。

（二）平年三百六十五日，闰年三百六十六日。逢四之年置闰，逢一二八之年停闰。

（三）此项纪年，应称世界公年，不称中国公年。

一九三三，一二，一〇

（原载《东方杂志》1934年第3期）

规定新货币之重量直径推行度量衡案

度量衡法，业已颁布，实施之先，必须预筹推行办法，方能收效。查财政部甘末尔设计委员会币制草案，有不日施行之说，鄙见急宜乘此机会，规定钱币之重量直径，以为度量衡之补助。

例如原案规定，一元银币重二十公分，则五十元等于一公斤，二十五元等于一市斤，假定一元银币直径等于三分之一公寸，则三枚等于一公寸，一枚等于一市寸，且三枚之直径，即等于升之方边；简单明了，足以养成市民对于度量衡之观念。理由办法，具详《以货币推行度量衡之建议》，附录于后。

一、修正度量衡法——斤两仍用十进制案

（一）理由

度量衡原提案，对于市制之斤与两，采取十进制，其原则与度量同，本属尽美益善之办法，迨议决时，或以两之数量太大，与习惯不合，故仍留十六两为斤之旧制。唯斤两折算，非常困难，吾人习用已久，仍甚感其不便。故旧式算书中，对于斤两之计算，特编歌诀，以助记忆；而长度之尺寸，容量之升斗，未闻曾用歌诀，盖前者为十六进，后者为十进，虽易不同故也。

《截两为斤歌》

“一”	〇六二五
“二”	一二五
“三”	一八七五

“四”	二五
“五”	三一二五
“六”	三七五
“七”	四三七五
“八”	作五
“九”	五六二五
“十”	六二五
“十一”	六八七五
“十二”	七五
“十三”	八一二五
“十四”	八七五
“十五”	九三七五

歌词至十五句之多，如此其冗长，全体数字，毫无意义，尤为干燥乏味，非胸中烂熟，脱口即出，便无从计算。然此犹就旧式之斤两而言，其不便已如此之甚；今又增加与公斤公两之比较，则复难繁琐，更不可以道里计。盖用十进制，则公两为市两之半，市两为公两之倍，无论何数，无待思索；若用十六进制，则非常繁杂，兹列表比较，则十进与十六进之优劣难易，可不烦言而解。

1. 公两换算市两

甲、依市两十进制计算

公两	二	六	一四	二六	四二
市两	四	一二	二八	五二	八四

乙、依市两十六进制计算

公两	二	六	一四	二六	四二
市两	六·四	一九·二	四四·八	八三·二	一三四·四

2. 市两换算公两

甲、依市两十进制计算

市两	二	六	一四	二六	四二
公两	一	三	七	一三	二一

乙、依市两十六进制计算

市两	二	六	一四	二六	四二
公两	〇・六二五	一・八七五	四・三七五	八・一二五	一三・一二五

或言一斤分十六两，为我国固有之制，由来已久。实则古法以铢为单位，二十四铢为两，十六两为斤，三十斤为钧，四钧（百二十斤）为石。今既以十钱为两，不用二十四铢之两，以百斤为石，不用百二十斤之石，自两以下，自斤以上，皆采十进制，无非取其便利；独留此十六两之斤，强厕其间，以增计算之麻烦，斯亦可以已矣。

（二）办法

度量衡新制，改革方始，尚未实施，急宜提议修正；对于斤两方面，仍采十进制，以归一律，而完成完璧，实为不可缓之举。

二、以货币推行度量衡之建议

（一）我国度量衡沿革

我国度量衡，起于黄钟之管，相互为用，又多采十进制，与万国公用米突制之原则相合；单位分量较为适中，又与世界最流行之英美制相近，可称为比较的良法。惟是有法无政，各地各业，既不相谋，即同一地域，同一行业，亦复各自为制，黠者因缘为奸利，流弊百出，不可究诘。

民国四年颁布《权度法》，以营造尺库平制与米突制并行，用意甚善。惟是公尺过长，公斤过大，既不合国民心理与习惯，两制同时并用，又无简单之比例，记忆既难，推行不易。

（二）十七年度量衡改制（一二三制）

十七年五月徐善祥、吴承洛二氏，建议以万国公认之米突制为标准制，以与标准制有简单之比例，又与习惯相近者，为市用制。概要如下：

甲、标准制

长度以公尺为标准尺，容量以立方公寸为标准升，重量以一千格兰姆为标准斤，一切悉依万国公用之米突制。

乙、市用制

长度以标准尺三分之一为市用尺，容量即以标准升为市用升，重量以标准斤二分之一为市用斤，名曰“一二三制”。（鄙见应依度量衡之顺序，名为“三一二制”，较为切合。）

标准制与市用制之比例，非常简单，既易记忆，尤便推算；且市尺之长度，在英尺（〇·九一四）关尺（一·〇七四）之间，与旧制部尺（〇·九六三一）尤相似，市斤之重量在英镑（〇·九〇七）与库平斤（一·一九四）之间，升之容积，与旧升（一·〇三五）相近，三者均合于习惯，其便利自不待言。

是年七月，国民政府颁布施行，并制定制造检定各项法规十数种；近又特设专局及委员会等为督促机关，近省限民国二十年，远省限二十一年，边省限二十二年，悉数完成。又由教育部饬令编辑教科书，增入度量衡新制，以广宣传。推行方法，可谓无微不至。

（三）甘末尔氏币制

惟是度量衡为最繁琐最守旧之物，改革之初，任其自然，收效无期，操之过切，纷扰滋甚，必须有一简捷方法，潜移默化，则观成自易。

近闻政府方采用甘末尔氏金本位币制，并有先铸银铜辅币之议。甘氏原案对于钱币重量，均取米突制，以公分为单位。概要如下：

	一元	五角	二角	一角	五分	一分	五厘	二厘
质	银	银	银	镍	镍	铜	铜	铜
重	二〇	一〇	四	四·五	三·五	五	三	一·五

右制数位颇整齐，足为衡制之标准，对于直径若更行规定适当之尺度，即可兼代度量之用。钱币为物，日用所必需，通行之后，随地皆是。计算度

量衡者，但以钱币为标准，无可遁饰，自免争执之纷扰。

（四）币制与度量衡之关系

我国自古货币，本与度量衡相通，五铢钱即其明证。新莽大钱，径一寸二分，重十二铢。唐开元通宝径八分，积十钱重一两，积千钱重六斤四两。明清之洪武通宝、顺治通宝，皆重一钱。盖“钱”之名称，为重量与货币之共同单位，实二而一也。浙江莫干山产竹甚多，竹匠有用铜元尺者，法以铜元一枚之直径为寸，积十枚为尺。莫干山为中外人避暑之地，习用英尺，普通当十之铜元，一枚比英寸稍长，十枚比英寸稍短，与习惯相近，故能通行。法国银币每佛朗重五公分，铜币每孙丁重一公分，亦甚整齐。可见钱币与度量衡之关系，古今中外，不少先例。

（五）以币制补助度量衡之办法

今本此意，取甘氏草案之一元银币（原案称“孙”，本文称“新银元”，下同），于重量之外，并规定直径之长度，以为度量衡之标准。

长度　度量衡原案，以公尺为标准尺，以公尺三分之一为市尺，兹拟规定新银元之直径为三分之一公寸，等于一市寸。是新银元十枚等于一市尺，三十枚等于一公尺。

容量　度量衡原案，以立方公寸为升，是新银元三枚之直径，等于升之方边（公升市升相等，故但称升，下同）。

重量　度量衡原案，以公斤为标准斤，以公斤二分之一为市斤，甘氏币制案，新银元重二十公分（即〇·〇二公斤等于〇·〇四市斤），是新银元五十枚，重一公斤，二十五枚，重一市斤。

（六）以新钱币推行度量衡之便利

新银元与度量衡之比例，如此简单，如此整齐，使用度量衡新制时，遇有疑问，欲求正确之长度，但取新银元一枚，便可为市寸之标准，三枚便可为公寸之标准；欲求正确之容量，但取新银元三枚，便可为升之标准；欲求正确之重量，但取新银元二十五枚，便可为市斤之标准，五十枚便可为公斤之标准。简单明了，“虽使五尺之童适市，莫之或欺”，此类是也。

此外各种辅币之重量，原案以一·五至一〇公分为单位，亦颇整齐。偶值缺乏新银元之时，积多数辅币，亦可为较正重量之标准。

例如一分铜币，每枚重五公分，则一百枚计五百公分，等于一市斤，二百枚计一千公分，等于一公斤。至于一分铜币之直径，拟为六分之一公寸，等于〇·五市寸，是二枚等于一市寸，六枚等于一公寸，即等于升之方边，以为校正度量衡之用，与新银元同其便利。

由此观之，甘氏各种钱币，苟有适当之重量直径，以为度量衡之标准，实为最经济简便之办法。宜由工商部咨行财政部，于制定新币之初，预为规定，并将直径重量之数，注于各币之中，以为标识；则新钱币所至之地，度量衡新制即随之而至，不劳而获，计莫善于此矣。

（七）钱币形式

新银元重二十公分，径三分之一公寸，比旧银元稍小，比当十铜元稍大。拉丁币制同盟之五佛朗银币，其重量直径，亦与新银元相近，是新银元之形式，可称最适中最适用之良币。

钱币形圆，已成普通之定制。但汉代之白金币，有“圆”“方”“椭”三种（见《汉书·食货志》），可见本无一定之形式。今外国辅币，尚有用方形而圆其角者，颇为美观适用。兹既欲借钱币为度量衡之标准，以多数钱币，排成长度，圆形似不如方形之整齐，此可供参考者一也。

法国二十分

荷兰五分

方形辅币

中国铜钱向来有孔，以使成串。自铸铜元后，惟民国五年一分及五厘之铜币，仍为有孔，此外殆不多见。今外国辅币，亦有有孔者。辅币之行使，原有一定限制，既无多量之用处，自无凿孔以便成串之必要。惟是以直径为长度标准，欲得比较整齐之数，则有孔较为便利，此可供参考者又一也。

比国十分

中国一分

日本五钱

法国十分

有孔辅币

甘氏原案各种钱币之重量，有相距甚近者，如：

- 二角银币　重四公分
- 一角镍币　重四・五公分

- 一角镍币　重四・五公分
- 一分铜币　重五公分

- 五分镍币　重三・五公分
- 五厘铜币　重三公分

重量所差有限，则体积所差亦微，辨认稍为不易。二角银币与一角镍币，因银镍比重关系（银一〇·五，镍八·九），其体积殆属相等；且二者同为白色，辨认尤难。或谓重量体积，虽甚相近，可以直径与厚度为伸缩，使成种种形式。实则全体之分量既小，则伸缩之余地无多，欲使显有区别，恐非事实之所许。区区所欲参用方形及有孔之辅币，亦属方便之一法。

（八）钱币注字

钱币之直径及重量，宜兼注标准制及市用制，以养成市民对于度量衡之观念，且便随时校正之用。

1. 直径注法

直径用十进，故注字最简单，计算最便利，其式如下：

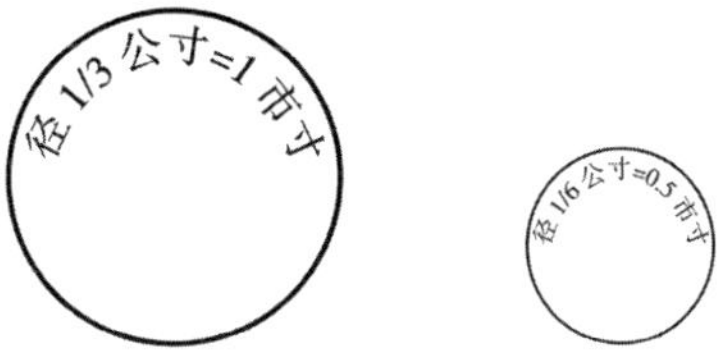

一元银币　　一分铜币

2. 重量注法

重量用十六进，注字有甲乙二式：

甲、以斤为单位，其式如下：

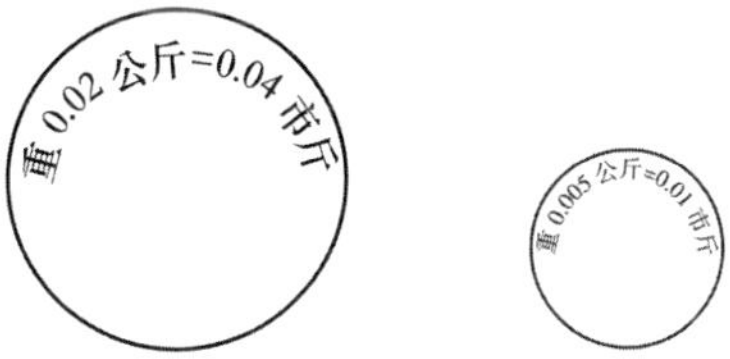

一元银币　　一分铜币

上式便于计斤（或斤以上），不便于计两（或两以下），且地位较小，字数较多，辨认亦不易。至于口语方面，一元银币，则为点零二公斤，或点零四市斤；一分铜币，则为点零零五公斤，或点零一市斤；言者既嫌冗长，闻者亦难明了。多数未受新教育之市民，或不知数位为何物，则更莫名其妙。

乙、以钱分为单位，其式如下：

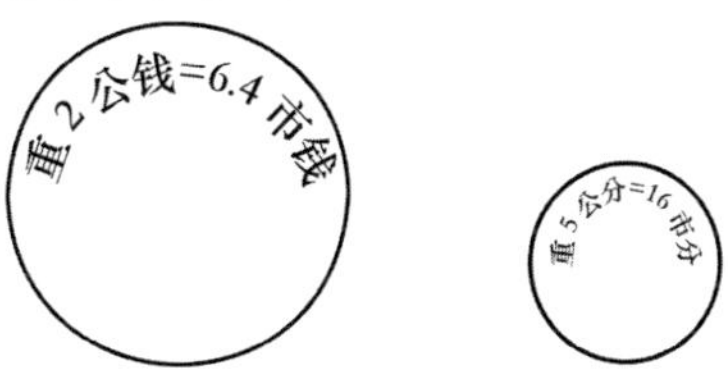

一元银币　　一分铜币

上式便于计两（或两以下），不便于计斤（或斤以上）。

丙、重量改用十进制，其式如下：

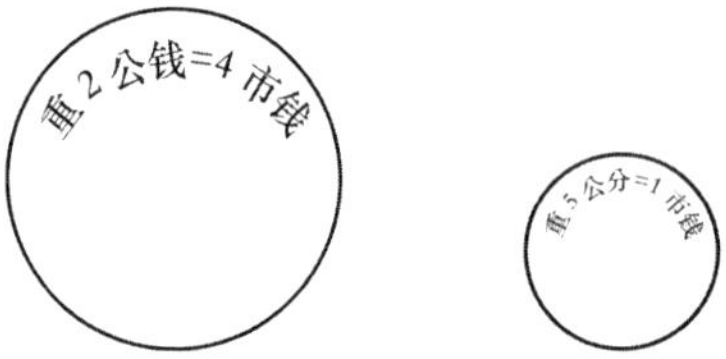

一元银币　　一分铜币

上式简单明了，无论计斤计两，均易推算，较之甲乙二式，应用范围之广狭，大不相同。然则为币制计，十六进之规定，亦不能不加修正。

（九）银价问题

币制原案，以民国十八年十月二十四日之银价为根据，近日银价变动，非常剧烈，实行新币制时，或者因银价而影响钱币之分量，致不合标准之用。但银价既有低落之倾向，如无意外变动，恢复十八年十月之旧，即已不易。是新银元之分量，如有更动，亦必有增无减，则维持三分之一公寸之直径，当然无问题。

（十）公差问题

或言钱币使用既久，摩擦既多，重量直径，难免损耗，未必可为标准之用。实则钱币通例，重量之公差，本有限制（大概千分之三），逾限即须重行铸造。故重量之差，不致过甚。至于直径之磨损，尤为有限。且钱币为度量衡之标准，不过行使时借为校正之用，但求其无大出入。至于制造度量衡，当然仍以精密之原器为标准。

（十一）中国银铜钱币形式表

<table>
<tr><th>名称</th><th>质</th><th>直径（公分）</th><th>厚度（公分）</th><th>重量（公分）</th><th>时间</th></tr>
<tr><td>银元</td><td>银</td><td>三八·七五</td><td>二·五</td><td>二七</td><td>民国三年</td></tr>
<tr><td>五角</td><td>银</td><td>三一·五</td><td>二</td><td>一三</td><td rowspan="5">民国六年</td></tr>
<tr><td>二角</td><td>银</td><td>二二·五</td><td>一·六六</td><td>五·三五</td></tr>
<tr><td>一角</td><td>银</td><td>一八·五</td><td>一·三三</td><td>二·六五</td></tr>
<tr><td>半角</td><td>银</td><td>一五</td><td>一·五</td><td>一·三三</td></tr>
</table>

当廿	铜	三三	一•五	一四•九二	清光绪三十一年
铜元	铜	三三	一•五	一四•九二	
当十	铜	二八	一•五	七•四六	
铜元	铜	二八	一•五	七•四六	
当五	铜	二三	一•五	三•七三	
铜元	铜	二三	一•五	三•七三	
当二	铜	一七	一•五	一•四九	
铜元	铜	一七	一•五	一•四九	

（十二）外国银铜钱币形式表

国	名称	质	直径（公分）
美	一元	银	三七
瑞	五佛	银	三六
法	十分	铜	三〇
比	二五分	亚铅	二六
英	一先令	银	二三
日本	半钱	铜	二二
意	五分	铜	一九
德	五分	铅	一七
荷	十分	银	一五

一九，一〇，二七起草；一九，一一，一九改定。

（原载《东方杂志》1930 年第 22 期）

斤两仍用十进制之拟议

近阅实业部二十年三月出版《划一全国度量衡标准研究书》，叙述改革经过，颇为详备。对于斤两问题，阮志明、刘晋钰、陈儆庸、吴承洛、徐善祥、钱理诸氏，均主张十进制(一斤分为十两)实占大多数。十七年六七月间，先后两次审查会。讨论斤两问题，亦多主张十进制。最后议决如下：

重量　以标准斤二分之一为市斤(即五百格兰姆)，一斤分为十两(每两五十格兰姆)。惟中医配方，暂时约兼用旧制。

该案呈送国府后，经国府常务委员修正公布如下：

重量　以标准斤二分之一为市斤(即五百格兰姆)，一斤为十六两(每两等于三十一格兰姆又四分之一)。

国府常务委员不采十进制，而采十六进制，所根据之理由，未经发表，无从推测；但第二次审查会，怀疑十进制者，有下列之言论：

“两以十进，对于中医开配药方，似觉困难。盖中医开方，不离钱与分，而十钱为两，系指十六两之两而言，恐一时难以变更。此事对于人民生命上，极有关系，务须研究。”

推绎论者之意，大抵因市斤十分一之两，较之库平两为重，以为不宜于药方，故欲改为十六分一之两。实则十六分一之两，又比库平两为轻。盖市斤与库平斤，其重量根本不同，无论十分一，十六分一，均不能与库平两相一致。兹计算如下：

市斤十分一之两，计重五〇格兰姆，等于库平一·三四〇四两。

市十六分一之两，计重三一·二五格兰姆，等于库平〇·八三七五两。

由此言之，十分一之两，较库平为重。十六分一之两，较库平为轻。五十步与百步，所差几何，而必使最完全最简单之度量衡新制，因而破碎分裂，殊非计之得也。

抑又有不能已于言者，我国度量衡本极纷乱，因时、因地、因业各异其制，医药亦岂能例外。即以方书言之，群推《金匮》《伤寒》为最古，其处方往往以斤计，即如柴胡、葛根、旋覆、麻黄等味，近人或以钱计，或以分计，而《金匮》《伤寒》恒用三四两，且有至半斤者。虽古今衡制及服法，不能尽同，但其分量视今为重，则固无疑义。此外如厚朴以尺计，竹叶以把计，附子百合以枚计（均见《金匮》《伤寒》），不问轻重，但举大概，可见分量之无甚关系。即更退一步言之，重要药物，或者有关生命，必须计较分厘，则审查会早有补救之法：

甲　考试中医时，加入衡制。

乙　制精密表，以便比较。

丙　中医开方时，得用旧制。

似此委曲迁就，斤两之十进制，似可以完全解决。若谓此简易之衡制，就不能计算，则真浅之乎。视中医矣，且十分一之两，因太重而须折算，则十六分一之两，因太轻亦不能不折算。如必以区区折算，视为莫大问题，则除止新制，恢复旧制，殆无适而可也。

（原载《中国建设》1931 年第 6 期）

废两为元后处理辅币的小问题

上篇 规定旧辅币与新辅币的兑换价及并行方法

废两为元，已至实现时代，现在最急问题，为如何处理旧有纷乱之辅币。法治国币制必须统一，元与两为横的关系，不能不统一；主币与辅币为纵的关系，尤不能不统一。

我国币制自古以铜币为单位，每枚重一钱，故称曰“钱”，亦曰“制钱”，清末始用银元为主币，银角、铜元为辅币，其质地、重量、价值，均有规定。

	每枚重量（库平）	每枚值制钱数
一元银币	七·二〇钱	一〇〇〇文
五角银币	三·六〇	五〇〇
二角银币	一·四四	二〇〇
一角银币	〇·七二	一〇〇
五分银币	〇·三六	五〇
当二十铜元	四·〇〇	二〇
当十铜元	二·〇〇	一〇
当五铜元	一·〇〇	五
当二铜元	〇·四〇	二
制钱	一·〇〇	一

以上完全采用十进制，整齐划一，统系分明，无可疵议。惟是有法无政，弊端百出。银角成色较次，铸造稍有余利。铜元成本尤轻，余利尤大。滥制粗造，竞争剧烈，其流毒较元两并用，且又甚焉。

我国幅员广大，省自为政，辅币纷乱，调查不易，先以上海及北平为例。

上海银元与辅币换算价值

银元一元 = 银角一一・七五角 = 当十铜元二九六・二枚

银角一角 = 银元八・五分 = 当十铜元二五・二枚

（根据二十一年七月十八日上海各报）

北平银元与铜元换算价值

银元一元 = 当二十铜元二〇〇枚

银角一角 = 当二十铜元一六枚（约数）

北平银元与铜元，兑换价颇为固定，且市上通行铜元票，故银角之行用较少。

按银元一枚之法价，为当十铜元百枚，今上海市价乃至二百九十六枚，几为三与一之比。银元一枚之法价，为当二十铜元五十枚，今北平市价乃至二百枚，为四与一之比，较之法定，相差至巨。重量方面，当十铜元法定二钱，今最轻者一钱五分，为一〇〇与七五之比，当二十铜元，法定四钱，今最轻者二钱二分，为一〇〇与五五之比。至于质地之低劣，铸造之粗糙，更难究诘。积弊至此，虽不废两改元，而辅币本身亦有不可不加整顿之势。况当改革方始，为币制新纪元之时，岂容不谋解决？解决之道无他，不整齐者使之整齐，无统系者使成统系是已。

欲使币制整齐而有统系，唯一方法，则废弃旧币，重铸新币。以快刀斩乱麻，为最痛快、最干脆的办法。惟是辅币之数量甚多，行使之区域尤广，与平民关系，甚为密切。一旦废弃，非特时间所不许，且劳费实甚，国家及社会均受无谓之损失。窃意宜于改铸新辅币之外，并将各种旧辅币加以整理，以供过渡时代之用。但整理旧币，务使能切合下列两原则：

（一）旧币之定价，与新币之法价，须有简单之比例，以便行用时之记忆。

（二）新币之法价，与旧币之时价，须有接近之比例，以免私铸私毁之弊。

欲规定旧币与新币之关系，必先规定新币之制度，以为根据。假定新币制度，采用甘末尔氏建议为基础，其规定如下：

一元＝一〇角＝一〇〇分＝一〇〇〇厘

一角＝一〇分＝一〇〇厘

一分＝一〇厘

银币三种　一元　五角　二角

镍币三种　一角　五分

铜币三种　一分　五厘　二厘

上项假定，如无变更，则新旧币之换算，当如甲乙两表。

甲 旧币兑换新币

当十铜元＝三分之一分＝三·三三厘（即当十铜元三枚＝新币一分）

当二十铜元＝二分之一分＝五·□厘（即当二十铜元二枚＝新币一分）

单角＝八·二三三分＝二五当十铜元＝一六·六当二十铜元

双角＝一六·六六分＝五〇当十铜元＝三三·三当二十铜元

乙 新币兑换旧币

新币	旧币		
	当十铜元	当二十铜元	银角
（一元）	三〇〇枚	二〇〇枚	一二
（五角）	一五〇	一〇〇	六·〇
（二角）	六〇	四〇	二·四
（一角）	三〇	二〇	一·二
（五分）	一五	一〇	〇·六
（一分）	三	二	〇·一二〇
（五厘）	一·五	一	〇·〇六〇
（二厘）	〇·六	〇·四	〇·〇二四

甲乙表中（　）为新币

上列新旧币互相兑换，共计三十项。惟旧银角兑换新币及当二十铜元四项，不甚整齐，其他二十六项，均无参差之弊。是第一原则所谓新旧币价值有简单之比例，已得十之八九矣。兹更将新币兑换旧币作一简表。

新币一元 = 旧币一二银角 = 二〇〇当二十铜元 = 三〇〇当十铜元

角分以下，依此类推，简单明了，毫不难记，至于兑换与市价接近问题，亦可举例为证：

	旧币	市价	兑换价	百分差
新币一元	当十铜元	二九六·二枚	三〇〇枚	一·三
	当二十铜元	二〇〇枚	二〇〇枚	
	银角	一一·七五角	一二角	二·一

据上表观之，兑换价与市值之差数，仅及百分之一二，是第二原则所谓新旧币价值有接近之比例，已达百分之九十八九矣。

上述新旧币兑换办法，但就上海北平两地而言，比例简单，折算便利，其价值果能长期维持，则新辅币之铸造，尽可从缓，或先铸二三种，以为补助，其他各地辅币情形，甚为复杂，宜从速调查，分别整理，截长补短。以旧辅币之时价，迁就新币之法价，使稍近整齐，亦非不可能之事。即使偶有少数地方，纷乱太甚，无从整理，则一面仍依旧辅币之时价，以供暂用，一面速铸新辅币，以为替代。地域较小，数量较少，施行当然较易。总之，我国地方广大，币制纷乱，历时又久。改革之始，必有许多困难，补救之法，必须有许多曲折，此事实所无可如何者也。

此外尚有较重问题，则辅币之单位，不能太大。价值之距离，不能太远。我国币制，自来专用制钱，计算迟缓，取携笨重，当时交通未广，人事简单，即已甚感其不便。清末改革币制，银币有一元、五角、二角、一角、五分五种，铜币有当二十、当十、当五、当二四种。合旧有之制钱，共计十种。大小相维，计算取携，均甚便利。立法周密，可谓尽美尽善。惟主持者，以造币为手段，以筹款为目的。五角成色较优，一角五分及当五当二，造费较巨。余利无几，故铸造甚少，几至绝迹。于是行用于市上者，银币只有一元及二角，计两种；铜币只有当十或当二十，计两种。（当十与当二十，无相互关系，故同时并用之处甚少。) 并十种为三种，其行使之不便，自不待言。上海二角银币，兑换当十铜元五十枚，重量在半斤以上。计算取携，均甚费事，为人人所感觉，又最小单位，为当十或当二十之铜元，尤嫌太大。铜元时价，当十者值银元三厘以上（即银元三百分之一），当二十者值银元五厘 (即银元二百分之一），较之旧有制钱为银元千分之一，所增甚多。于平民生计，影响颇巨。（单位大小，心理上事实上，甚有关系，容别为文论之。) 甘末尔氏之币制，最低单位，为银元二厘，亦在当十铜元时值以下。故区区以为制钱即不能恢复，而最小单位必不可在当十铜元时值以上也。

再鄙人于十九年十月间，曾有《规定新货币之重量直径推行度量衡案》一文，登载拙作《十三月新历法》附录中，兹摘取大意如下：

甘末尔氏币制，规定新银币一元重二十公分，是二十五元重五百公分，等于一市斤。五十元重一千公分，等于一公斤 (以上依甘氏规定为例，如重量增减，但使数目整齐，仍可以为推算之基础。或以银角铜元为标准，亦无不可) 。钱币之重量，既可为度量衡标准，长度体积亦同一例。假定银币一元之直径为三分之一公寸，等于一市寸，三元等于一公寸，十元等于一市尺，三十元等于一公尺。且公升之方边，等于一公寸，则银币三元之直径，即等于公升之方边 (并将重量直径注于币面)。简单明了，以为推行及校正度量衡之用，所裨匪浅。文长不及备录。

二一，七，二四

下篇　规定新铜币之重量直径以推行新度量衡

前作专就旧辅币立论，未及新辅币。实则旧辅币之整理为一时的，新辅币之计划为永久的。后者关系尤巨，请申言之。

民国十九年拙作《规定新货币之重量直径推行度量衡案》（注一），根据甘末尔设计委员会之银孙为标准。原案银孙每枚重二十公分（注二），是五十枚等于一公斤，二十五枚等于一市斤。比例简单，推算便捷，可以为重量之标准。假定银孙直径为三分之一公分，则银孙三枚之直径等于一公寸，一枚之直径等于一市寸。又升之方边等于一公寸，是银孙三枚之直径，又可为容量之标准（公升市升相同，故但称升）。如将重量直径之数字，注于币面，以为推行及校正度量衡之用，其属便利。

惟是甘末尔草案，主张金本位，以银孙为辅币，故重量不妨稍轻，成色不妨稍低。此次废两改元，主张银本位，以银元主币，其重量成色，多数主张依据民国三年国币条例。查该条例银元一枚，重库平七钱二分，等于二六·八六公分。或有拟改七钱之说，其重量亦在二六公分以上，数目参差，不便计算。又报载银元祖模，已在美国铸造，不日运沪。果如所言，重量直径，业已规定，更张较难，兹拟改用铜辅币为标准，颇有种种便利。

世界先进国之辅币，号为信用货币。所含金属之真值，恒较面值为低，所以预防私毁之弊。甘氏币制，一分铜币重五公分，较之民国三年一分铜币法定库平一钱八分（注三），等于六·七一公分，为七五与一〇〇之比。铜币既有伸缩余地，规定重量直径，当然较为自由。

兹假定铜辅币之重量直径为甲乙两种。具体说明如下：

甲种铜辅币

重量　每枚一〇公分＝二〇市分　一〇〇枚＝一公斤　五〇枚＝一市斤

直径　每枚三分之一公寸即三·三三公分＝一市寸

　　三〇枚＝一公尺　一〇枚＝一市尺

容量 三枚之直径＝一公寸即升之方边

乙种铜辅币

重量 每枚五公分＝一〇市分 二〇〇枚＝一公斤 一〇〇枚＝一市斤

直径 每枚六分之一公寸即一·六六公分＝五市分

六〇枚＝一公尺 二〇枚＝一市尺

容量 六枚之直径＝一公寸即升之方边

似此数字整齐，比例简单，辅币与度量衡，殆为同物。可以互相比较，互相证明。度量衡颁布方始，民间正苦缺乏标准，无所适从。今以最切日用之铜币，为度量衡之标准。偶有疑问，一举手间，即可解决，无所容其作伪，所谓“虽使五尺之童适市，莫之或欺”。此类是也。

兹更将假定铜辅币之重量直径与旧制辅币比较如下：

		假定制	旧制
重量	甲种	一〇公分	一〇·三公分（民三年二分铜币）
	乙种	五公分	五·三公分（民三年二角银币）
直径	甲种	三·三三公分	三·三三公分（清光绪当二十铜币）
	乙种	一·六六公分	一·七〇公分（清光绪一角银币）

依上表观之，假定制之重量直径与旧制相比较，大小轻重均有先例可援，行使自无不便。且中国自古钱币，如三株钱、半两钱等，均以重量为钱币之名称。《史记·平准书》：“更铸三株钱，文如其重。”“铜钱识曰半两，重如其文。”是钱面加注重量，古人固已先行之矣。

废两之后，所有主币辅币必须重铸，以期统一。但为经费时间所限制，不能一蹴而成。新旧币同时并用，为不可免之事实。我国币制纷乱，铜元尤甚。于许多种钱币之中，增加一种新币，轻重大小，所差又微，弊混较易，纠纷滋多，必须于形式上特别注意。如方形及有孔之钱币，古今中外，均有先例（注四），可以酌量仿行。或于直径厚度，加以变通，亦可为辨认之助。

此等事实问题，必须参考中外成法，详加研究，方可决定。钱币为日用所必需，于小民生计，尤有关系，不可以不慎也。

此外尚有重要问题，则铸造辅币，必须慎重是也。银元主币，决定由沪厂铸造，各省分厂，一律撇废，实为最扼要之政策。辅币行用尤广，伪造尤易。铜元纷乱之覆辙，前车可鉴。宜于上海另设专厂，铸造新辅币。各省分厂一例停止，成色必须一律，形式必须精美，使伪造者无所施其技。或疑辅币价值较微，造费不能过巨。实则辅币成色较低，利益比主币为优厚。即如民三规定一元银币，包含纯银九成；二角以下银币，包含纯银七成（注五）。为一〇〇与七七之比。以十二角为一元，尚有余利。若由政府铸造，以十角为一元，无论如何精工，必有若干之盈余。加以铜元利益，不特辅币造费可以自给。即为补助铸造主币之费耗，当亦足以相偿。近日论者多属意于主币之银元，而辅币尚少议及，故不惮絮絮也。

总而言之，无论主币辅币，但使能由中央政府集中铸造，一切都无问题，否则人自为政，无论何等良法美意，均无结果。不独制币而已。

二一，八，一七

注一　见《十三月新历法》一二七——三九页　　商务印书馆出版

注二　见《甘末尔金本位币制草案》二页　　银行周报社出版

注三　见《耿爱德中国货币论》一六九页　　　商务印书馆出版

注四　《十三月新历法》一三四——五页有中法比日之有礼钱币图及法荷之方形钱币图

注五　见《耿爱德中国货币论》一六八页　　　商务印书馆出版

（编者按：高先生此文本系最近先后草成而现整理修订合为一篇者）

（原载《大陆杂志》1932 年第 3 期）

大小数命位分节之商榷

近承国立编译馆暨全国度量衡局，寄示大小数命位分节问题，征集意见。鄙人于民国十七年五月间，曾有《数位分节》《利率命位》两文（注一），对于大小数问题，稍有论列。语焉未详，兹更申言之。

我国大数，有十进制、万进制、万万进制、自乘进制四种，而独缺千进制。欧美各国，向用千进制，以三位为一节。海通以来，新式科学，自西徂东。大数命位，以三位为一节，为算学书所常用。千千为兆，亦渐通行。所谓人口四百兆，赔款二百三十兆，四百五十兆，为妇孺所习知。无形中渐已实行千进制，事实所昭示，殆无疑问。日本数名，不以千千为兆，而以万万为亿；似是采用万进制。但算学用书，早已采用三位制。各种书籍，行文中虽常用万亿名称，而书写数位，无论下行左行，全体以三位为一节。且标示单位，“千”及“百万”，实占绝大多数（注二）。其为千进制，亦无疑义。似此千进制，已为东西先进国之普通制。鄙人之意，大数宜用千进制，以三位为一节。其命名至兆而止，似已足供普通之应用。至于科学上之名称，数量较大，可用指数法 (10^9、10^{10}、10^{11}、10^{12}、10^{13}……)。无论何数，均有相当之位置。简单明了，莫此为便。又大数之西名 (Billion, Trillion)，法美与英德等国，各不相同，甚易混淆。唯千千之兆 (Million) 则全球一致。区区对于数位命名，自兆以上，拟用指数法者此也。

全国度量衡局，发表《大小数命名标准之研究》等文，极为详密。对于小数，主张分 =1/100, 厘 =1/1000，特增“成”之一位 =1/10，“成”为我国通俗所常用，与日本之“割”相同。用意甚善，但尚有可商之处。

（一）通常衡制以斤为单位。中西新旧，无不同然。即最近颁布度量衡法，亦以“尺”“升”“斤”同列单位。

度量衡局因迁就分为 1/100，厘为 1/1000 之位置，而以两为单位，以斤为 10，与习惯不合，此其一也。

（二）通常面积以亩为单位，顷为 100。度量衡局因迁就分为 1/100，厘为 1/1000 之位置；列亩于 1/10，列顷于 10。致面积一项，竟无单位可称，此又一也。

小数之分、厘、毫、丝、忽等位置，因事而异，不相统一，较之大数，尤为复杂。列举如下：

（一）以分为 1/10，厘为 1/100，如地积：亩为单位，十厘为一分，十分为亩，是也。

（二）以分为 1/100，厘为 1/10000，如长度：尺为单位，十厘为一分，十分为一寸，十寸为一尺，是也。

（三）以分 1/1000，厘为 1/1000，如衡制：斤为单位，十厘为一分，十分为一钱，十钱为一两，十两为一斤，是也。（斤两依据十进制参看注六）

（四）钱币以元为单位，十厘为一分，十分为一角，十角为一元，则分为 1/100，厘为 1/1000。

（五）利率则因年利、月利，而命位又不同。

（甲）	六厘公债	本百元年利六元	分为 1/10，厘为 1/100
（乙）	公司官利八厘	本百元年利八元	
（丙）	商店余利一分	本百元年利十元	
（丁）	七厘库券	本百元月利七角	分为 1/100，厘为 1/1000
（戊）	当铺月利二分	本百元月利二元	分为 1/100，厘为 1/1000

旧制分厘位置，如此复杂。似是随意排列，毫无规律也者。实则我国小数命名之原则，本自有其统系。凡数位之有名可称者，即称其名。其无名可称者，则以分为 1/10。厘、毫、丝、忽等，均以此类推。例如：

面积命名，至亩而止。亩为单位，故分为 1/10。

长度命名，至寸而止。货币命名，至角而止。寸与角为 1/10, 故分为 1/100。

重量命名，至钱而止。钱为斤之 1/100，故分为 1/1000。

量制之秉、石、斗、升、合、勺等，各有专名，则不用分厘之小数。

似此统系分明，亦有相当理由，但各自为政，不能相通耳！至于利率问题，以年利言之，分为 1/10，厘为 1/100；以月利言之，分为 1/100，厘为 1/1000，冲突特甚，无可为讳。鄙见宜依度量衡币之制度。对于年利分为 1/10，厘为 1/100，可仍旧贯。至于月利命位，当铺之月息二分，应改为月息二厘 (2/100）, 库券之月息七厘，应改为月息七毫（7/1000）（注三）。名实相符，利率小数之问题，亦迎刃而解矣！兹将数位命名表列下:

位数	命名	度	量	衡	面积	币	利率
10^6	兆						
10^5	百千						
10^4	十千						
10^3	千						
10^2	百		石	担	顷		
10^1	十	丈	斗				
10^0	个	尺	升	斤	亩	元	
10^{-1}	分	寸	合	两	分	角	分
10^{-2}	厘	分	勺	钱	厘	分	厘
10^{-3}	毫	厘		分	毫	厘	毫
10^{-4}	丝	毫		厘			
10^{-5}	忽			毫			

小数命名至毫而止，大数命名至兆而止。自毫以下，如丝、忽……尘、埃……模糊。自兆以上，如秭、涧……恒河沙……不可思议等。非寻常意识所能想象者，尽可以指数表示，不必强记虚无缥缈之数名也。

总而言之，度量衡币及利率之小数名称，既各自为政，无整齐划一之可能。改革之际，对于旧有名称，苟为群众所习知，不妨仍旧，以供过渡时代之用。至于所谓标准制，一切依世界通行之规定。不可随意更张，以为大同之阻碍，则又不待烦言者也。

度量衡之为物，区域最广大，使用最普通，管理本属不易。改革之际，推行尤难。十九年十月曾有《规定新货币之重量直径推行度量衡案》之作（注四），主张以甘末尔币制草案为标准。原案银元重量二十公分，是银元五十枚等于一公斤，二十五枚等于一市斤。假定直径为1/30公尺，是银元三十枚等于一公尺，十枚等于一市尺，三枚之直径等于升之方边。简单明了，最便应用。嗣以废两改元，新银元之重量直径，一仍旧制。直径三八公分余。重量二六公分余。数位复杂，计算费事。因拟改制铜辅币，加注直径重量，以为度量衡之标准。二十一年八月有《废两为元后处理辅币的小问题》之作，节录如下：

兹假定铜辅币之重量直径为甲乙两种，具体说明如下：

甲种铜辅币

重量　一枚＝一〇公分＝二〇市分

五〇枚＝五〇〇公分＝一市斤

一〇〇枚＝一公斤＝二市斤

直径　一枚＝三分之一公寸＝一市寸

一〇枚＝三分之一公尺＝一市尺

三〇枚＝一公尺＝三市尺

容量　三枚＝一公寸即升之方边

乙种铜辅币

重量　一枚＝五公分＝一〇市分

一〇〇枚＝五〇〇公分＝一市斤

二〇〇枚＝一公斤＝二市斤

直径　一枚＝六分之一公寸＝五市分

二十枚＝三分之一公尺＝一市尺

六〇枚＝一公尺＝二市尺

容量　六枚＝一公寸＝升之方边

似此数字整齐，比例简单，辅币与度量衡，殆为同物。可以互相比较，互相证明。度量衡颁布方始，民间正苦缺乏标准，无所适从。今以最切实用之铜币，为度量衡之标准。偶有疑问，一举手间，即可解决，无所容其作伪。（注五）

数位	千进制		万进制		
	命名	三位为一节	命名	四位为一节	三位为一节
……	……	……	……	……	……
10^{12}	涧	1,000,000,000,000	万万万	1，0000，0000，0000	1，000，000，000，000
10^{11}	百秭	100，000，000，000	千万万	1000，0000，0000	100，000，000，000
10^{10}	十秭	10，000，000，000	百万万	100，0000，0000	10，000，000，000
10^{9}	秭	1，000，000，000	十万万	10，0000，0000	1，000，000，000
10^{8}	百兆	100，000，000	万万	1，0000，0000	100，000，000
10^{7}	十兆	10，000，000	千万	1000，0000	10，000，000
10^{6}	兆	1，000，000	百万	100，0000	1，000，000
10^{5}	百千	100，000	十万	10，0000	100，000
10^{4}	十千	10，000	万	1，0000	10，000
10^{3}	千	1，000	千	1000	1，000
10^{2}	百	100	百	100	100
10^{1}	十	10	十	10	10
10^{0}	个	1	个	1	1
10^{-1}	分	1/10	十分之一	1/10	1/10
10^{-2}	厘	1/100	百分之一	1/100	1/100
10^{-3}	毫	1/1,000	千分之一	1/1，000	1/1，000
10^{-4}	丝	1/10,000	万分之一	1/1，0000	1/10，000
10^{-5}	忽	1/100,000	十万分之一	1/10，0000	1/100，000
10^{-6}	微	1/1,000,000	百万分之一	1/100，0000	1/1，000，000
10^{-7}	纤	1/10,000,000	千万分之一	1/1000，0000	1/10，000，000
10^{-8}	沙	1/100,000,000	万万分之一	1/1，0000，0000	1/100，000，000
10^{-9}	尘	1/1,000,000,000	十万万分之一	1/10，0000，0000	1/1，000，000，000
10^{-10}	埃	1/10,000,000,000	百万万分之一	1/100，0000，0000	1/10，000，000，000
10^{-11}	渺	1/100,000,000,000	千万万分之一	1/1000，0000，0000	1/100，000，000，000
10^{-12}	漠	1/1,000,000,000,000	万万万分之一	1/1，0000，0000，0000	1/1，000，000，000，000
……	……	……	……	……	……
大数命名，至兆而止。小数命名，至毫而止。兆以上，毫以下，拟用指数，以便记忆。			“千万万”，“万万万”在口语上，颇不便利。为四位制之所短。	上表，以四位为一节。与普通三位一节之习惯，不能相合，易生误会。	上表，依普通习惯，仍用三位为一节。但“万”及“万万”之位置，与分节位置，不能吻合。

最后尚有一言，不能不郑重声明者。则《论语》所谓“谨权量”是已。权量为物，为全国日用所必需。稍有不“谨”，则奸伪百出。良懦者既为所愚弄，而人心风俗，亦因以败坏。其贻害之大且远，不仅在物质而已。我国自有史以来，唐虞之典籍，马班之书志，对于权量，无不斤斤致“谨”。但执行者，随意放任，有名无实，纷乱滋甚。清室季年，曾有改革度量衡之建议，其目的即以世界公制为标准。民国十七年工程学会组织度量衡标准委员会，经全国教育会议，决定以万国公制为中国通制。并将旧制加以整理，作为暂用之市制。两制并行，实为过渡时代折中之良制。惟立法之初，稍嫌忽促。如市斤既定为十两，以某委员一言，遂改为十六两（注六）。完善之十进制，因以破坏。数位命名，业已通行三位千进制，与世界制相同。乃以某书局之一问，遂改为四位万进制（注七）。朝令夕改，使人无所适从。最近教育部及国立编译馆，审议算数命名分节标准案，函知各学术机关“签注意见，拟定法则，在一个月之内……汇齐”。具征致“谨”之意。但范围尚嫌稍狭，期限尚嫌稍促。鄙意宜由数理、工程、经济各专家，组织委员会，主持其事。研究经过，随时发表，公开讨论。期以一年，再行决定。始谋既臧，即可以永远不变。区区所谓“谨”者，此也。

注一　见《统一度量衡计划书》。

注二　见一九三四年《日本时事年鉴》等。

注三　公债利息，世界各国均以年息计算，我国亦然。近来发行国库券，按月拨还，故改称月息。年息与月息，均以厘计，如六厘公债，七厘库券，同称为厘，而解释不同。易淆观听，或谓月利以十二月计息，年利以十月计息。实则月利按月计算，为当然之事。年利每年或一次或二次，或四次，未闻有分为十次者。所云年利十月计息，事实上，名义上，均属未妥，故不能不加以改正。且公债库券，均由国家发行；而计息命位，歧异至此。即为国体计，亦不能不亟行改革也！

注四　见《东方杂志》二十七卷二十二号。

注五　见《大陆杂志》一卷三号。

注六　十七年六月间工商部讨论度量衡标准制，主张全用十进制，故每斤作十两。其后审查会及国府会议有下列之言论：“两以十进，对于中医开配药方，似觉困难。盖中医开方，不离钱与分。而十钱为两，系指十六两之两而言，恐一时难以变更。此事于人民生命上，极有关系，务须研究。”匆匆中将每斤改作十六两，遂使完全十进制之度量衡，为之破坏。鄙人因有《斤两仍用十进制》及《斤两十进制之再建议》两文，节录如下：

推译论者之意，因市斤十分之一两，较之库平两为重；以为不宜于方药，故欲改为十六分之一两，实则十六分之一两，又比库平两为轻。

市斤十分之一两，重五十格兰姆＝库平一·三四〇四两。

市斤十六分之一两＝三一·二五格兰姆＝库平〇·八三七五两。

上见《划一度量衡研究书》。

注七　见二十年二月六日《教育部九六号训令》。

（原载《东方杂志》1934年第3期）

推行度量衡与划一币制

窃维社会习惯，与度量衡制度最有关系者，莫过于币制。现时吾国已探取公尺、公斤为标准制，并竭力推行，年来颇着成效。近闻财政部有统一币制之计划。若能将各项正辅币之大小厚薄轻重，均按公尺、公斤标准，规定一种简便数目，则社会民众，对于币制，既感统一之便利，而对度量衡标准制，更有深切之印象，诚为推行度量衡最完美之方法也。民国十九年工商部开度量衡大会时，梦旦对于此节，曾拟有议案，兹更详细拟定币制之物质、式样、大小、厚薄、轻重，列成一表，附加说明，深望主持推行度量衡及统一币制当局诸君，一注及之。

一、拟订币制重量物质式样大小厚薄表及其说明

名称		重量	物质	式样	直径	厚	孔径
正币	一元	二五公分	银	圆无孔	三五公厘	二·五公厘	无
	半元	一二·五公分	银	圆无孔	二五公厘	二·五公厘	无
辅币	二角	一五公分	镍	圆有孔	三〇公厘	二·五公厘	六·〇公厘
	一角	一〇公分	镍	六角有孔	三〇公厘	二·〇公厘	四·五公厘
	五分	五公分	镍	圆有孔	二〇公厘	二·〇公厘	六·〇公厘
	二分	三公分	镍	六角有孔	二〇公厘	一·五公厘	六·五公厘
	一分	二公分	镍	圆有孔	一三公厘	二·〇公厘	五·〇公厘
	半分	一公分	镍	六角有孔	一三公厘	一·五公厘	六·五公厘
	三厘	半公分	镍	圆有孔	一〇公厘	一·〇公厘	五·〇公厘

二、说明

（一）正币为银制，分为一元、半元两种。币之价值，按照规银折算有一定之标准。现拟以二十公分重为一元，折半为半元。二十五公分重量，约合库平六钱七分，再以二十三年废两改元所规定，一元合规银七钱一分五厘折算，则二十五公分重之币，约值规银六钱六分半，比较现有银币，约差百分之七。

（二）辅币用镍制，以求洁净，并亦易防私铸，币之价值，与其本身物质之价格，不发生关系。币之作用，不过一种信用代替品，等于现时通用之大洋票，无论用现有银币，或二十五公分重之新银币，辅币均可不变。兹拟定二角、一角、五分、二分、一分、半分、三厘七种，但五分以下之辅币，重量略为增加，因不欲其尺寸过小也。且辅币为镍质，按照现时价格，中国银币一分，约可购镍四·三公分，兹表所列五分以上之辅币，时值只合法值六分之一至四分之一，一分以下之辅币，法值亦合时值一倍以上。

（三）正币均用圆形无孔，与辅币之有孔者不易淆混。币之直径，除一分及半分两种为十三公厘外，其余均以五公厘递进，币之厚度，以半公厘递进，计有一公厘、一公厘半、二公厘、二公厘半四种。正币直径，为三十五公分及二十五公分两种，大小相差颇多，甚易分别。辅币用圆形、六角形两种，除三厘辅币直径十公厘外，其余则用三十公厘、二十公厘、十三公厘三种，直径同而式样不同，亦易于识别。至其大小厚薄，均属整数，实为币制与度量衡标准制互相关联，最大之优点也。

（四）现时南方钱币每元约换单铜元三百三十枚，折合单铜元一枚可抵三厘镍币一枚，北方钱币，每元约换双铜元二百枚，折合双铜元一枚，可抵半分镍币一枚，折合换算，甚为简单。

（原载《工业标准与度量衡月刊》1935 年第 3 期）

对于电报局之希望①

“只是几个很小的问题，而且立刻可以办到。”

上两语是何应钦先生对于招商局希望的标题（见本年九月五日《申报》）。我现在借来作对于电报局希望的标题。

何先生对于招商局问题有四：（一）遵守时刻；（二）规定定价；（三）票价减轻；（四）注重清洁。

以上四问题，闻招商局已逐渐进行，稍有成效。

我对于电报局问题有二：（一）取消译费；（二）邮局转电。

以上二问题，比何先生所提出的更小，更可立刻办到。

电报根本的大问题，在于电费太贵。前清电费，中文每字本省一角，隔省遂加三分；故相距较远的省份，每字至三角以上。西文及密电加半，每语至五角。较之世界通例，相差有至二十倍以上者。兹将英、法、美、日四国国内之电费，列表如下：

<table>
<tr><th colspan="2">西文每语电费</th><th>约合华币</th><th>调查年份</th></tr>
<tr><td>英</td><td>半便士</td><td>二分三厘</td><td>一九一四</td></tr>
<tr><td>法</td><td>四十孙丁</td><td>三分二厘</td><td>一九一八</td></tr>
<tr><td rowspan="2">美</td><td>日　五分（美金）</td><td>一角一分</td><td rowspan="2">一九二〇</td></tr>
<tr><td>夜　一分（美金）</td><td>二分二厘</td></tr>
<tr><td>日</td><td>五钱（日金）</td><td>五分二厘</td><td>一九二七</td></tr>
</table>

① 高梦旦以“崇有”之名发表此文。——编者注

依上表观之，我国电费之贵，诚出情理以外。电费愈贵，营业愈难。自光绪五年创办，迄于清末，历时三十二年，全年收入仅及五百万元。邮政收费特廉，进步特速。自光绪二十二年创办，迄民国十三年，历时三十年，全年收入达二千八百万，是其明证。光绪季年，余曾以减费之说建议于邮传部某部长，当时以影响收入为虑，未敢遽行。民国初元，始实行减价：中文每字国内一角二分。是年收入即稍增进，可见减价实为电局之利。民国十一年又议增价，以商民反对中止。十六年四月增加修线二成，九月又行增费，中文每字国内一角六分，此外更有账捐等，视民元几至加倍，商民啧有烦言。本年十月始实行减费：中文每字国内一角，西文及密电加倍。视世界通例所增尚多。若以西文加倍计算，相距尤远。我国生计艰难，此等电费，当然担负不起，但较之前清，所减已多。饥者易为食，渴者易为饮，吾人对于电报局，不能不表相当之同情。且减费之后，收入必增，则此后再减三减，亦意中事。此时对于此等大问题，姑置不论，先就其小而立刻可办到者言之。

一、取消译费

中文字数较多，不能以符号直接代表，通电时先以数码代表汉字，再以符号代表数码，多一间接之手续，故电局征收译费，表面上亦有相当理由。实则电报生以此为业，熟练之后，汉字与数码殆无区别。翻译一事，几几不费时间。此可实验而证明之。若常人则不然：翻译电报，不独费时，且易错误。电局何必苛人所难而从中取区区之小利，以阻营业之发达?

我国交通未便，旅行本少，电费又过巨，常人每视电报为意外重事。非不得已，不轻发电。余乡居时，邻人有宦游于外者，其家忽得一电，张皇失措，因无电报书，来假于余。余授以书，则手颤不能译，乃为之寻检，举家环侍，屏息静候，若有大祸之将至也者！既知无意外，始释然散去。此一事也。又今夏山居，闻友人病，发电询问，并欲往省视。复电来时，余适在某寺，持电者踵至，视之，三等急电也。是时余亦不能无疑。寺中无电报书，左近亦无可借者，急行归寓。虽仅二里路，而气喘不已。译出后，始知友病已愈，以急电阻余往视。思之不觉失笑！此等为事实所恒有。如电报局早为代译，径用中文书写，则电报与信函相同，拆封一看，省却无数手续，无数麻烦，真功德无量矣。

余意电局应将译费章程完全取消，除西文及密电仍用罗马字或数码外，其中文明电，无论收发，直接用汉字书写，不必更加数码之转折，则人必感其便利，而营业自因以发达矣。

二、邮局转电

电局设立，不如邮局之普遍，故电局新章，规定一二等邮局得代收发电报，用意甚善。但一二等邮局，为数尚属有限，未能普及，宜加推广。凡能收发挂号信之邮局，均得代转电报。即本城市以内，距局较远者，亦得由邮局代收电报。挂号与否，悉听其便。收费方法，如能径用邮票，尤为省事。宜与邮局协商，实属两利之道。美日等国邮电合一，发电者依电费购买邮票，粘贴电纸中，投之街市信箱，即已毕事。其简便如此，故人人视发电为常事，宜其日就发达。此亦当逐渐仿行者也。

以上二问题，真小之又小，真可以立刻办到。今更引汉文帝之语，以殿此文：

“卑之，无甚高论，令今司施行也。”

附言一

此外尚有较大之问题，与电局组织及经济，稍有关系，未敢希望其即行。姑举大略，以备参考：

甲、交通部与建设会之电报局性质相同，应通力合作，以节靡费而归简便；

乙、国内电报，交通部与建设会收费相等，而同城同省之电报，交通部收费又较建设会为昂，似属非宜；

丙、急电收费三倍，似属过贵，且与常电距离太远，或改为两倍，或分为急电、常电、慢电三等；

丁、西文及密电之收费，自前清以及民十六，均照明电加半。今忽然加倍，似须酌减。

附言二

此外又有更小之问题：则韵目替代日期之习惯，宜加删除也。科举时代，士人多习知韵目，而仄韵尚时须寻检。现在所谓通人，则并平韵亦不能尽记。达官贵人发电动辄千百言，独于日期必用韵目，所省不过一字，使阅者多一番之推索，无谓已极。近来报纸登载通电，于韵目之下往往更注日期，如“敬”注二十四、“陷”注三十等，数见不鲜。可见韵目不足代表日期，则何如直用某日之为愈，此事真是小之又小，复与电报局无涉，特因感想所及，姑附言之。

一九二八，一二，二九

（原载《东方杂志》1928 年第 22 期）

电报韵目代日之改革[①]

《行政效率》第四期，孔充先生有《划一代日之韵目》一文。将韵目一六〇字，并为三十字，所省至三分之二以上，当然有若干之便利。

考韵目分类之制，创始于隋唐。是时诗赋取士，士人大抵习熟韵语，故纂辑类书，往往依韵编次，藉便检讨。唐之《元和姓纂》，宋之《韵府群玉》，明之《永乐大典》，清之《佩文韵府》，其尤著者也。通商以来，西洋之电报，输入我国。是时科举方盛，韵书风行。无意中沿用唐宋以来类书成法，以韵目代表日期。科举既废，习熟韵语者渐以减少。译电时对于无意义之百余韵目，每苦不能尽记。电报利在迅速，以此殊感困难。孔充先生有鉴于斯，因拟“划一韵目”之计划。其法采取上平声之东至十五删，代表一至十五日；去声之十六谏至三十陷，代表十六日至三十日。其三十一日，仍用“世”字为代表。删繁就简，整齐划一，自比旧法为进步。惟是三十字，虽比百余字为易记。而实际上，仍不如径用数字，如一日、二日……三十一日之简捷。

或疑韵目代日，但算一字。改用数字，或须二三字，电费增加，不便一也。数字为常用的，上下文偶有关系，或生误会，不便二也。鄙见以上二项，诚有问题。但可就电码编制，稍加规定。不过一举手之劳，一切问题，无不迎刃而解。

查交通部二十二年七月部令，规定“电文内之各项数目，均得由发报人，用阿拉伯数字书写，以省字数”（见交通部《电政法令汇刊》第二集一三九

---

① 高梦旦以“崇有”之名发表此文。——编者注

页）。又最近部令规定“银行及钱业电报，……得用阿拉伯字数，表示发电之日期及号数”（见九月十三日《时事新报》）。综观历次部令，对于电文中各项数目，业已准用阿拉伯数字，以减轻发电者之担负。至于数字代日期及号数，亦由最近部令明白规定，无非为便利发报人起见。惟仅限银行钱业，范围似嫌稍狭。鄙见一切电报，均应适用，不能以某业为限。兹酌拟办法如下:

（一）发电之日期，得用阿拉伯数字代表，并加括弧。（根据交通部规定）

例　九日　作（9）

三十一日　作（31）

（二）日期之下，如加载时数，得用阿拉伯数字代表，但须加注“时”字。（拟定）

例　九日上午八时　作（9）（8）时

十四日下午一时　作（14）（13）时

（三）编号之电报，其号数得用阿拉伯数字代表，列于日期之后，但须加注“号”字。（根据交通部规定）

例　十四日一号　作（14）（1）号

十四日二号　作（14）（2）号

（四）发电者如不习阿拉伯数字，得以中国数字代之。（拟定）

例　九日　作（九）

三十一日　作（三一）

依此办法，发电时，假定为十四日，可书（14）或（一四）。收电者见（14）或（一四）便知为十四日所发。其余时数、号数等，以此类推。简单明了，既省记忆，又免歧误。至所需之电费，均照一字计算，与韵目丝毫无异。

此外关于年、月、度、衡、币、门牌等等，凡可以数字计算者，均宜通盘筹划，分别规定，以归统一。务使节省时间，减少误会，以增进办事之效率。至于金钱出入，犹其小者也。

二三，九，一四

（原载《行政效率》1934年第8期）

论拜跪之礼不可行于今

拜跪礼乎？曰礼也。于人情便乎？曰俯伏偃仰，心气不舒，未见其便也。然则圣人制礼，故为此不便以重困生人乎。曰拜跪之礼，便于古不便于今，非制礼之过，而泥守古礼，不知变通之过也。夫古之人犹是人也，古之拜跪犹是俯伏偃仰也，何以独见其便？曰："古者席地而坐，以尻著腓，其去跪也无几矣。"《曲礼》："坐而迁之。"《少仪》："寝则坐而将命。"《玉藻》："退则坐取履。"《乐记》："武坐，致右宪左。"疏："皆训坐为跪。"此坐与跪通之。证专诸刺王僚，坐行而入；管幼安好学，一藜床五十年，当膝处皆穿此，以膝坐之。证今高丽琉球之人犹以膝著席而坐，殆行古之道也。圣人因为长跪之礼、拜手之礼、顿首稽首之礼，皆取其至便者，所谓因人情为节文也。朱子云："两膝着地，以尻著膝而稍安者为坐，伸腰及股而势危者为跪。"然则古之所谓跪者，犹今之危坐而已。扬子云："拜从两手下。"然则古之所谓拜者，犹今之拱手而已。故君有拜臣之文，而项王亦长跪以礼樊哙，未闻拜跪之为重礼也。《史记·魏其武安侯列传》："独故人避席耳，余半膝席。"如注，以膝跪席上也。是避席为礼之重，跪反为礼之轻。盖席地本便于跪者。后世交倚之具既兴，而坐席遂废。人习于尻坐，骤易以膝，则身蜷而不适，气窒而不通，虽强有力者，未有久跪而不顿，亟拜而不疲者也。于是老臣倦于朝请，有乞假以归者矣；疆臣惮于陛见，有引疾以去者矣；长官疲于答拜，有谢客而不接其僚者矣；属吏耻于送迎，有投劾而不折其腰者矣；两造坐狱，有引为诟病，而不敢直其冤者矣；公庭匍匐，有因而震慑，而不得尽其辞者矣。推之中外交涉之事，则尤有难者，西人崇奉基督，礼拜而外无跪礼，故无论何国交际，均不以拜跪为敬。今吾朝臣引西人入觐，则吾人拜稽，而西人鞠躬也。吾部民与西人质讼，则吾人长跪，而西人挺立也。损国威，挫民气，即此亦甚不便者。西人寓中国有司不得管辖，原以法律不同，国势又弱，故失吾自主之权，亦因拜跪之礼，西人万不能堪，中国不变拜跪自主之权，断难一朝而复也。或疑礼有拜跪，所以严君臣父子之大防，虽曰不便，犹将守之。不知先王制礼，不过借文以致敬，不为甚不便者以苦人。若谓臣子之礼，必待拜跪而后伸，则宜专以施于君父。奈何敌体之人，亦通用此礼乎。今席地变而交椅，设几变而高座，独此至不便之拜跪，又何为而不变。且军礼不拜，在古人已自变之。诚以介胄在身，有不便于拜也。孔子曰："礼从宜。"又曰："惟其称。"又曰："礼者，义之实也。"协诸义而协，则礼虽先王未之有，可以义起也。然则圣人制礼，何常之有，亦曰人情而已矣。

（原载 1897 年 3 月 21 日《时务报》）

翻译泰西有用书籍议

有声音而后有言语，有言语而后有文字。然五方之声音，长短高下，清浊疾徐，即万有不齐。言语文字，即因以俱异，有王者起，患天下之不一，以同文为先。于是读书之士，挟方寸之简。上下千年，纵横万里，无所不可通，夫而后中国之文字汇于一。其环中国而处者，如日本、朝鲜各邦，虽用中国之文字，犹不能无所异同。况泰西远绝数万里，千岁未通者耶。互市以来，天下竞尚西学，竞习西文。然而音义诡异，则学之难也；教授乏人，则师之难也；由官设学，则周遍之难也；由民自学，则经费之难也；文义深远，则成功之难也；国不一国，则兼通之难也。惟以译书济之，则任其难者，不过数十人，而受其益者，将千万人而未已。

泰西有用之书，至繁至备。大约不出格致、政事两途。格致之学，近人犹知讲求，制造局所译，多半此类；而政事之书，则鲜有留心，译者亦少。盖中国之人，震于格致之难，共推为泰西绝学。而政事之书，则以为吾中国所固有，无待于外求者，不知中国之患，患在政事之不立。而泰西所以治平者，固不专在格致也。况格致之学各有附隶，非制造之人不能学，即学之亦无所用。且需仪器以资考验，非徒据纸上之空谈。若夫政事之书，剖析事理、议论时政、苟通汉文者，无不能学。果能悉力考求各国政事之失得，兵力之强弱，邦交之合离，俗尚之同异，何国当亲，何国当疏，何事足以法，何事足以戒，无不了于胸中。遇有交涉之事，办理较有把握。即欲兴一新法，亦不至事事仰鼻息于人，或反为所愚弄，此翻译政事之书，所以较格致为尤切也。

译书之要有二。

一曰辨名物。泰西之于中国，亘古不相往来，即一器一物之微，亦各自为风气。有泰西所有，中国所无者；有中国所有，泰西所无者；有中西俱有，而为用各异者。至名号则绝无相通，译者不能知其详，以意为之名，往往同此一物。二书异名，且其物为中国所本有者，亦不能举中国之名以实之。更有好更新名，强附文义，以为博通，令人耳目炫乱，不知所从。宜将泰西所有之物，如六十四原质之类及一切日用常物，一一考据。其为中国所有者，以中名名之；中国所无者，则遍考已译之书，择其通用者用之；其并未见于译书者，则酌度其物之原质与其功用，而别为一名。凡泰西所用之物，用中字西字，详细胪列，刊为一书，颁布通行，后之译者，以此为准，不得更改。其他权衡度量，国各不同，亦宜定为一表。如英镑合中权若干，法迈合中尺若干，详为条举，以附前书之后。《中西权衡度量表》一书金陵亦有刻本，但考据未尽精详耳。

一曰谐声音。名物制度有义可寻，虽有异同，犹可稽考；地名人名，有音无义，尤为混杂。西人语言，佶屈聱牙，急读为一音，缓读为二三音，且齐人译之为齐音，楚人译之为楚音。故同一名也，百人译之而百义，即一人译之而前后或互异。《瀛寰志略》中所载国名之歧，多至不可记极，宜将罗马字母编为一书。自一字至十数字，按字排列，注以中音，外国用英语为主。以前此译书，多用英文也，中国以京语为主，以天下所通行也。自兹以后，无论以中译西，以西译中，皆视此为本。即一二音不尽符合，不得擅改，以归划一。此书若成，可与名物之书，相辅而行，译者读者，俱有所据。若将此二书，呈之译署，请旨颁行，饬令各省译局及私家撰述，一体遵照，尤为利便。

此二者译书之根本也。若译书之人，必兼通中西文而后可。其有专精西文者，可以文士辅之。《传》曰："言之无文，行而不远。"必使所译之书，质而不流于俗，博而不伤于诞，文义可观，又无失原书之意，庶亦牖人心，开风气之一助也夫。

上文一篇，丙申春季代友人应格致书院之作也。名物、声音二条自谓颇得译书要领，唯琐屑繁难非一二人之力所能卒办。为今计者，先将《时务报》每册所译地名、人名、物名各字用中文、西文并列为表，附刊册末。其前册已见之字，译法仍旧不得歧异，岁终将已译各字删其重复，而整齐之全录报后。略如《泰西新史揽要》之例，如是《时务报》所译，均归一律。日积月累诸字大备，略加编辑便可成书矣。

长乐高凤谦梦旦父附记

（原载 1897 年 4 月 10 日《时务报》）

释　夷[1]

书恶猾夏，诗称惩荆，春秋攘夷狄，圣人于夷夏之防，若斯严也。士而不愿为圣人之徒则已，苟有志圣人之徒，乌可以变于夷者。虽然，吾尝闻夷之义矣，《风俗通》曰："夷者蹲也，谓其无礼义也。"此外，狄训僻，蛮训慢，戎训恶，貊训略，羌训强，皆以其无礼义而被以恶名，不能以一概论也。盖古之所谓夷者，非以其地，非以其人，以其不习中国之礼义也。古之所恶乎夷者，非以其地，非以其人，以其无父子男女之别，将以乱吾中国也。是故中国而类乎夷狄，则夷狄之；夷狄而合乎中国，则中国之。舜东夷之人，文王西夷之人，并为中国令主，姜戎氏四岳之裔胄，固皇族也。居豫州之陆，又中原也。而卒不免为夷狄，杞先代之后，用夷礼而春秋夷之，卫周室之亲伐凡伯而春秋戎之。夫差忧中国，则春秋进之为中国。及妻楚王之母，则春秋反之为夷狄。圣人所谓夷者，何常之有，亦视其礼义何如耳。泰西各邦，中国所共鄙为夷者，然吾观其立政教民之法，何与吾圣人相类也。然则今之泰西，谓之外国可也，谓之夷狄不可也；弃其所短可也，并没其所长不可也。吾中国宜自知不足，借敌国外患为鉴，苟必以其地而疑之，则黔、滇、粤、桂、闽、越、川、蜀，以及满蒙之旧部、伊藏之藩属，皆禹迹所不及，亦将屏之弃之。而谨守东北十余省之地，以复三代之旧物，然后为严夷夏之防也，此则又不可通者也。

（原载 1898 年 2 月 11 日《时务报》）

---

① 原文中"彝"字今改作"夷"。——编者注

论中国民气之可用[①]

国者人民之聚合体也。民强斯国强，民弱斯国弱，善觇其国者，不观其国势之强弱而观其民气之盛衰。民气未衰，虽因一时弊政日就陵夷，一日有人起而善用之，不难转弱为强。五洲交通以来，白人横行世界，既奴红、黑、棕三族，亚洲黄种亦为所蚕食，几无立锥之地。论者谓白人殆天之骄子，非他种所得望其肩背。自日俄交战，俄罗斯以四十余倍之地，三倍之人，历数年之经营，据形胜之要地，竟为区区日本所大困。种族强弱之说，因之以破，凡吾黄人，其亦可以自奋矣。论者又谓，日人生质勇敢，游侠武士道之风遍于全国，不若吾民之萎靡不振也。我中国向以宽柔为教，文人学士，以好勇斗狠为厉戒，以从军行役为至苦。见于文辞诗歌，不可悉数。都会人士之稍知书识字者，耳濡目染，渐磨既久，往往弱不胜衣，行不正履。呜呼，吾国民果皆如是，则诚绝望矣。

顾吾观乡僻愚民聚族而居。辄因饮食细故，遽起争端，按户输捐，计丁投器，父子兄弟，相率出战，前仆后继，踵趾相接，曾不闻退缩之事。是非有平日之豢养也，是非有朝廷之爵赏也，是非有史乘之名誉也，所以悍然置生命财产于度外。誓不反顾者，亦以一乡一族之胜败，为一己之胜败；一乡一族之荣辱，为一己之荣辱。故若是迫切也，其穷无复之者，或流为会匪、盐枭、海盗、镖客，莫不敢死善战。轻于一掷，即如往年义和团，无知妄为，

---

① 高梦旦以“崇有”之名发表此文。——编者注

贻国大患，犹足以表现吾民之轻生好义，非奄奄无气者比也。

我国教育未普，所谓知书识字者，不过千百中之一二，而乡僻愚民随地皆是，奈何以区区少数之人之怯弱，遂用以代表吾国民耶？然至国家有事，招募士卒，其趋而应之者，皆此乡僻愚民及穷无聊赖者也。一旦临敌，各鸟飞兽散，无复平日气概。勇于私斗，怯于公战。虽为驭之不得其道，而求其大原因，则在人民无国家思想，故视胜败荣辱与己若毫不相涉。夫民无国家思想，非民之罪，政体实为之善乎。德格维尔之言曰："欲人民之爱国，必与以参政权，参政权与爱国心常为正比例。"孟德斯鸠之言曰："不使人民参与政事，则人民与国漠不相关，然则国家欲得民之死力，非授以政权不可。"世徒见欧美、日本之人，为国而死，而叹为不可及。自实言之，又何以异于乡愚之斗哄，特造因不同而收果遂异耳。诚使为国家者开诚心、布公道，日讨国人而训之，以国事之艰屯，国辱之可耻，凡有所兴作，必与吾民共之。其能论议时政者，又从而奖励之，施以普及教育之道，约以设立议院之期，使人人知己与国之关系。则向之所谓乡僻愚民、会匪、盐枭、海盗、镖客，本为地方大害者，皆可利用以捍御外侮，则何日本之足羡，白种之足畏哉。古今名将能使士卒致死以立大功者，皆其平日待士之厚，足以得其心。故其战也，非为国家而战，为将帅而战。其死也，非为国家而死，为将帅而死。名将既没，百炼精兵皆成废物，其跋扈不驯，背叛国家者，士卒亦倒戈相向，是其证也。使国家之待民亦如名将之待士，则人将移其爱将帅之心以爱国家矣。不然者，当强邻迫逼之时，犹复上下疑忌，务思所以压制之，所以愚弱之，置敌国外患于不顾，必与吾民争一日之胜负，不胜则揭竿斩木，纷然四起，必召外兵之干涉，即胜而民气益靡，亦无以应列强之凭陵。呜呼！此岂吾民之幸？此岂吾国之幸？此岂吾君之幸？则何如上下一心，乘此未衰之民气，团结之，鼓舞之，因势而利导之，以守我疆土，强我种族也。

（原载《东方杂志》1904 年创刊号）

论偏重文字之害

文字有二，曰应用之文字，曰美术之文字。应用之文字，所以代记忆、代语言，苟名为人者，无不当习知之。犹饥之需食、寒之需衣，不可一人不学，不能一日或缺也。美术之文字，则以典雅高古为贵，实为一科专门学，不特非人人所必学，即号为学者，亦可以不学，犹习工业者不必兼农事，习理化者不必兼政法也。

世界万国视文字之重者，无如我国。而识文字之少者，反无如我国。虽曰文字艰深，学之不易，亦以应用之文字，与美术之文字，混而为一故也。

儿童束发受书，辄教以高古之文章，所习者既偏于美术，故成就较难，而未成者，又不适于日常之用。向来儿童读书四五年，而不能写信记账者，往往皆是。故农工之子，非视文字为难能而不敢学，即视文字为无用而不肯学。此所以环顾境内，识字者百乃无一也。吾谓美术之文，为专门学，治之者不必甚多。而应用之文，家居以之记账目，出门以之通书信，且国家禁令，苟非识字，又乌能习知之，而不触于法网乎。然则以应用文字，比于衣食之不可缺，盖非过言也。

我国以文字取士，沿袭已久。官吏之主政治者，十七八皆文人也。自捐纳保举之途开，亦有不识字而入官者，公牍文告假手胥吏，流弊绝大□。患在不习应用之文，非不习美术之文也。近来实业渐兴，然商办之事，亦必推能文者为首领。物以类聚，故所用职员，亦半为文人。有人向某公司购股票询以银钱折合之比例，公司中人瞠目不能对，购股者持钱而去。盖该公司所用□□工程外多为文人，无一习商业、知算法故也。一若文字苟通，则无所不通也者，是未免重文太甚也。吾非谓文章之士，必不可以理政治实业也，亦非谓政治家、实业家之必不可以兼习文章也。特以凡百事业，皆求之于文人，必多废事；有为之士，专力于文章，不屑稍治他业，必多废材，此则可断言也。昔有某巨公，见故人子画箑，喜之，招致幕下。故人子年少喜事，请于某巨公曰："大府方兴实业，愿得一局自效，稍稍学习办事，幸勿以文字见委也。"某巨公不悦曰："天下舍文字外，尚有所谓办事耶。"呜呼！斯言也。非某巨公之私言，实足以代表社会之心理，我国人才消歇，百业不举，皆此一言阶之厉也。

难者曰："西学东来，少年之士，鄙弃旧学，识者方以国粹不保为忧。今乃倡轻文之论，国学无乃失坠乎？"曰："否否。吾之所谓重文太甚者，非谓文之不足重，特不可因重文之故，而轻视他科学也。"应用之文字，既比之于衣食，无论所治何业，皆不可不习。美术之文字，则视为专门之一。文为一科、农为一科、工为一科、兵为一科，政法理化以及凡百事业各为一科，其有成就，皆得谓之学者，不可有所轩轾于其间。盖天下之事理无穷，生人之性质各异，各就所长，以治一业，成才既易，又足以应社会之用。若必强至不济之人才，使治文章；强能文章之人，以应百事，吾未见其可也。我国之政治、实业，以文人任之多，比恒人为胜。推原其故，则以举国重文已成习惯，有志有为之士咸致力焉，故人才多出于此，国之八股取士亦有建功立业之人，非真八股可通于万事也。

难者曰："词章之文，谓之美术，可也；视同农工等科，亦可也。若夫经世之文，其功在天下；载道之文，其功在万世，乌可视为美术与农工等科同年语乎？"曰："文字之关系，如是其巨，斯固然矣。而农工之流泽于天下万世，其功德岂在文字下耶？"若必独尊文字，而轻农工，则神农后稷有巢黄帝，皆不得为圣人，而必推仓颉为不祧之祖矣。且美术一科，亦何可以轻视。图画、音乐，皆美术也。古圣人则以乐配礼，谓之六经，然则吾以文字为美术，又乌得为亵耶。

我国重文之风，不为不久；学文之人，不为不多。其卓然有成就，可传于后世者，代不过数人、十数人而已。则以美术文字，非人人所可学而至，必其赋禀独高，又积无数之年月，而后能致也。然则虽率全国之人，以治美术之文字，而成才亦不过此数。况以凡百事业责之文人，以纷其心志，使不得大成，宜其重文益甚，而成者益少也。

且文字偏于美术，其害甚大。公私书牍，皆应用之文字也。而出于能文者之手，则陈义务高、征引务博，甚且以古僻之字、钩棘之句，自炫所长，以困阅者。其文虽工，用之不以其道，弊直等于无文。尝见某县尹批农民婚姻事，其是非一二语可决耳，乃为骈四俪六之文，洋洋数百言，而仅识字之农民，竟不知作何解。此无异于对燕赵人操闽粤语，岂非大惑不解者耶？此自其尤甚者也，近来之公牍文辞繁缛、节外生枝者，不可胜数，皆某县尹之类也。夫应用之文字，犹语言也。恒人之情，苟欲宣其心意，及以所见闻告人，相隔较远，以文字代之，势所不得已也。自文字偏于美术，苟非能文之士，举笔若有千钧之重，而偶或一为，文人辄从而批评之，章节字句之间，斤斤计较。甚者曰："不合古文义法也。"曰："新名词不可以入文也。"夫果为美术之文，以此绳之，犹可言也。若仅用以代语言，而表明其心中之意，则又何可苛责也。某校算术教员推演算草，偶错一字，诸生大哗，群起逐之。夫算术教员自有专职，算式错误攻之可也。乃以汉文小失，遽起风潮。彼汉文教员之不习算法者，比比皆是，未闻或之非也。吾谓应用之文字，但求能达其所见，可以喻之他人，斯亦足矣。虽或间以俚语，杂以讹字，苟于义可通，犹无害其为用，固不必深求也。如是则习之者不难，为之者自多，其有裨于社会，岂浅显哉。

吾于是下一断语曰："欲文化之普及，必自分应用之文字与美术之文字始。"吾于是更下一断语曰："欲百业之兴起，必自视美术之文字与各科学等始。"

（原载《东方杂志》1908 年第 7 期）

论保存国粹

今之言保存国粹者，大抵有积极、消极二主义。其持消极主义者，曰禁用新名词，以绝莠言也；其持积极主义者，曰设立存古学堂，以保旧学也。二说皆言之成理，诚忧世之苦心，而不可轻议也。虽然，吾窃有疑焉，请先论消极主义。

今之所谓新名词者，大抵出自翻译，或径用东邻之成语。其扞格不通者，诚不可胜数。然欲一切屏弃不用，则吾又以为甚难。何也？世界之变迁益甚，则事物之孳乳益多，此不可逃之定例也。其后起之事物，既为古之所无，势不能无以名之，此正新名词之所由起。固不必来自外国，而始得谓之新也。以设官言之，唐虞官百，夏商官倍，则新增之官，在夏商视之，不谓之新名词，不可也。由此例推，今之所谓旧，皆古之所谓新，充类至尽，即谓昨日之新，为今日之旧，亦无不可。新旧二字，本对待之词，其界说孰能从而画之，或谓《孝经》有言：“非先王之法言不敢道。”昌黎有言：“非三代先秦之书不敢读。”所谓新旧者，以此为断，斯已矣。吾又以为不然，《十三经》字数不过五千余，至许氏《说文》则九千余，流衍以及本朝之《康熙字典》竟增至四万余。然则《说文》字典，所采新字，为经传所未见者，遽谓之非先王之法言得乎，或谓所恶乎新名词者，谓其来自外国也。然如“可汗阏氏”“如恒河沙无量数”等，亦自外国翻译而来，何文人皆习见而不之怪乎？吾谓世界交通，文明互换，外来之事物，苟有益于我国者，既不能拒绝之，而独计较于区区之名词，乃失本末轻重之分乎？今者译本之流行，报章之传布，上至于奏定之章程，钦颁之论旨，所用新名词，既数见不鲜，又乌得从而禁之。平心言之，新名词之不可通者，勿用可也。既已习用，必从而禁之，不可也。治古学者，不用新名词可也，必以责通常之人，不可也。且谋教育之普及，不能不设学堂，设学堂不能不教科学，教科学不能不用新名词。由此言之，持消极主义，以保存国粹，其无丝毫之效果，固不待再计矣。又况国粹新名词也，新名词亦新名词也。反唇相讥，未有不哑然失笑者矣。

消极主义之不可通如是，请更论积极主义。

近来各省多设存古学堂，以治旧学，使古圣贤之微言大义，不致失坠。其策比持消极主义者，为进矣。存古学堂之学生，必其旧学素有根柢，方足以与其选。其科目大抵以经史词章为主，以经学言之，兼治群经，则学生力有不及；专治一经，则讲堂必多，教员必众，经费又复甚巨，恐非一省之力所能及。且学堂之期限，不过数年，每日上课，不过数时，由教员讲授乎，既已不胜其烦，令学生自行点阅乎，则不如听其闭户潜修，何必限之以时刻，齐之以进退，仆仆往返，徒乱人意乎。且存古之功课，但求其粗者，则旧学有根柢之学生，既已优为之，无所用教授也。若必责以精深，则竭毕生之精力，果有成就与否，尚在不可知之数。断非数年之期限，数时之研究，遂足以尽之，由此言之，积极主义之成效，亦略可睹矣。阳湖陆炜士语余曰：“‘存古’二字，不成名词，遍稽载籍，就耳目之所睹记。曰好古、嗜古、尊古、重古、修古、考古、师古、法古之属多矣。从未闻有所谓存古者也。若夫存之云者，所谓存而不论而已，得非学堂所宜有事者乎。《说文》：‘存，恤问也。’礼存诸孤，今学堂以存古为名，不啻等之如敬节育婴之属，其亦大可哀也。是说也，或亦言正名者所有取乎？”故附录之。

然则国粹果不能保存，遂任其消灭净尽而已乎？是又不然。吾非谓国粹之不可保存、不必保存也。特保存要有其道耳，保存国粹之道。奈何曰：“建设图书馆，为保存国粹之唯一主义是矣。”今者新学初萌，旧学渐废，通都大邑之书肆，欲求经史，往往不可遽得。诚大可寒心。为今之计，苟不设立图书馆，则旧学之书，可立待其尽也。

图书馆之设，规模务宏，版本务精，固矣。然必京师或省会之力，始足兴办，而不能普及于全国也。求普及之道，宜于各州县先设一小图书馆，开办之初，以二三千金为率（此系约计之数，余拟编最小图书馆书目表匆匆未就）。但求经史子集之最要者，略具规模，年更筹四五百金，为添购图书及管理之经费。如此则无论如何瘠苦之地方，其力皆能及之。其房屋可假公共地方用之，或附设于学堂之中，尤为省费。俟城镇乡自治既已成立，则更令每镇每乡各设其一。如此则普通应用之书，无地无之，其附近之秀民，有志向学者，就馆中翻阅，所裨甚大。夫以区区二三千金之图书，即尽读之。原不足以称淹博，然为普及计，则范围不能不狭，况有力之州县镇乡，固不限以此数也。其京师省会之图书馆，规模既大，经费既充，延聘二三通儒，以主其事，俾阅书之人，得以就正。较之存古学堂，区区为数十百人计者，相去不可以道里也。或并设月课以奖励稽古之士，更拔其优者，使任编辑如阮氏《经籍纂诂》之类，以便后学，收效当更宏也。

抑吾更有言者，图书馆之设，固以收藏旧学之书为主。而新学各书，亦不可不备，使人得就其性之所近者求之。然则是举也，谓之保存国粹也可，谓之推广新学也亦可。

（原载《教育杂志》1909 年第 7 期）

利害篇

综古今中外万事、万物、万理，有一利即有一害，有一害即有一利，利害相因，如环无端，不能须臾离也。若一见其利，遂忘其害，一见其害，并弃其利，或且必求有利无害而后敢从事焉，则惑之甚矣。

利害既不能相离，则凡事皆当纯任自然，可以无所用心，又何必斤斤然。研究其利害乎，曰：“正唯利害不能离。”故研究之术，尤不可以不谨，研究云者，亦比较利害之分量而已。吾敢正言以断之曰：“所谓利者，利逾于害而已；所谓害者，害逾于利而已，利也害也。”对待之名，因比较而后见者也。

今天下之事理，至繁赜也，其变迁至不可究诘也。有一时见为利，而将为后来之大害者，则宜割弃一时之利以避之；有一时见为害，而可以得较久之利者，则宜隐忍一时之害以就之；有利害相侔而事势所迫必不能已者，则宜求所以减缩其害，使不敌所利焉。消息甚微，影响至巨，非有锐敏之眼光，精密之心思，必不足以语此善乎？贾生之言曰：“福兮祸所倚，祸兮福所伏。”忧喜聚门，吉凶同域。斯宾塞尔之言曰：“天下有绝对的之善，必有相对的之恶，有绝对的之恶，必有相对的之善。”东西哲人，固先我而道之矣。

利害不相离之理，自宇宙之大以及一身一物之细，皆莫能越其范围。今举其尤显著者，人非水火不生活，而水火之为灾亦烈。家族、国家、人之所以相生相保者也，然有家则有仰事俯育之累，有国则有纳税当兵之累。鸩至毒也，可以治疾；粪至秽也，可以肥田，此皆形而下者也。请更言形而上者，忠孝仁义，宜若无可议矣。而忠孝既往往相妨，煦煦之仁，孑孑之义，时亦为世所诟病。彼贪诈之徒，或反为圣君贤相所利用，而建不世之功业焉。孔老之争，朱陆之辩，亘千古尚莫能定者，亦以此耳。

吾之为是言，非齐是非、同得失，为消极的之言也。正欲研究是非得失，为积极的之言也。他且不具论，先就吾国近年所行新政一研究之。

通商以来，号称习知外事者，震于欧美物质之文明，治法之美备，心向往焉。日本效之，一战胜我，再战胜俄，遂霸东亚，与列强争衡。忧时之士，遂倡为立宪之说，以为朝开国会，夕致富强，有百利无一害。今国会虽未开，而所谓教育，所谓巡警，所谓海陆军，既已行之有年；所谓地方自治，所谓司法独立，亦以次举办起。视其成绩，大利未见，弊害已错出而不可止。则后此之所谓内阁，所谓国会，其成效亦略可睹。于是忧时之士又疾首蹙頞，私相告语，疑立宪之难行，欲尽复专制之旧，进锐而退速，皆未之思耳。哀公问孔子曰："一言而兴邦，有诸？……一言而丧邦，有诸？"孔子曰："言不可以若是其几也。"今之论立宪者，无乃类是。夫立宪非有利而无害，专制非有害而无利，请先穷其利害而后论其得失可乎。

所谓专制者，作福作威，惟意所欲，无所牵掣，柄政得人，下令如流水，沛然莫之能御，故其成功独速。自古国家能建稀世之伟业，恒在专制极盛之时，秦始皇、元世祖，是其徵也。使当时者，立一法，筹一款，必请命于议会，则所成就，必不若是之烈。即如近世德日之兴，亦借立宪之名，行专制之实，故收效尤捷。此专制之利，非立宪所可几及，不可厚诬者也。然或君相失德，虽席全盛之势，可以立即颠覆，桀纣是耳。使当时有内阁议会，以相维持，虽欲行暴，势不至此，是则专制之害比立宪为尤甚，亦无可讳者也。

总而论之，专制任人，立宪任法。得其人则专制之利大，非其人则专制之害亦大。天下善人少，不善人多，故专制之治国少而乱国多。东西各邦，萃无数学者之考求，经无数国家之经验，大率采取立宪政体者，亦以此耳。即就我国现在事实言之，在朝在野之人才，谁欤？有专制之手段，足以独撑危局乎？借曰有之，其必为朝廷所倚任能久于其事乎？此皆在不可知之数，然则欲以专制振中国之危亡者，其亦知反矣。吾非敢谓立宪为最良之政体也，亦非敢谓此后无更良于立宪之政体也。特以立宪与专制比较，则不得不谓立宪为良政体耳。

立宪既为良政体，我国行之，害不敌利，则又何故？曰是有数因，一事之起也，必有数事与之相缘，而后得收其效。今或求治太亟，举一漏百，故其效终不得见。如制车，轮轴厢辕备而后可行，若仅成一轴而责其行，有是理乎，此其一也。欲办一事，必运以实心实力，后乃有济。今或剽窃其名，粉饰其外，甚且因之以为利，则何成功之可望，此又其一也。草创难，守成易。以不素习之人，行未经见之事，措置自难适当，此又其一也。人情安于故习，旧法虽甚不便，既已习为固然，故不甚感其痛苦。若不经见之事，稍有不便，即莫能堪。盐税至烦苦也，若用其法以税糖，其害民必不如盐之烈，而人民之骇怪，将更甚于权盐何者，一为因，一为创，故耳此又其一也。更新之时，多数人之食于旧者，隐怀失业之忧，百方指摘其不便，变本加厉。一倡百和，故其恶易彰，此又其一也。主张新法者，鼓吹其利便，加意粉饰，以耸众人之观听，不顾事实之不相掩，一旦实行，遂失天下之望，此又其一也。综此数因，新法遂为世所诟病，无尺寸之完肤，夫新法岂任咎哉。

日者有客过余，力诋新法之害，繁征博引，指证万端。其论甚辨，余危坐敬听，既毕，乃作而言曰："新法之害，既闻命矣。"然则仍行旧法，长此终古可乎？客曰："呜呼。"可又作而言曰："新法旧法皆不可行，然则竭吾辈之心思才力，能别创一法，使远过于古今中外种种之法乎？"客曰："是。"能又作而言曰："不用新旧法，又不能别创他法，然则非无为可治，即坐而待毙而已。"客爽然若失，久之乃言曰："于君意如何？"余谨答曰："旧法既不可以终用，别创他法又不可以卒致，无已，其采用东西已著明效大验，所谓立宪之新法乎？"

东西新法，诚可谓较良之法也。今欲举以行之我国，必先熟察吾国势民情，统筹全局，以定其先后缓急之序，勿骛虚名，勿贪近功，而轻于一试。及其既行，则毅然决然，不以小有阻碍，遽馁其志。《书》曰："若药弗瞑眩，厥疾不瘳。"我国家处此危局，其疾可谓深矣。乃并此区区瞑眩之痛苦，且不能忍而望，一旦转弱为强，转危为安，天下事果若斯其易易也，则何亡国败家之有？今有良工于此，知其业之将不容于社会也，不得已为改业之谋，方其始也，事倍功半，所获必不如其旧，然而终不悔者以未来之利益，足以相偿而有余也。吾于是敢断言曰："不能忍新法之害者，必不能受新法之利也。"

吾国人向不讲论理学、统计学。每有论事，往往举一概百，于其事之因果及其比较皆漠然不加，意欲其有当于事理也，吾知其难矣。

（原载《东方杂志》1911 年第 1 期）

论女子应有参政权[①]

夫参政权者，参议政治之权也。今吾国已定男女平等之条，上至士夫，下至小民，莫不知有参政之权。预备就行之事，为立宪之国民，惟女子仍不得有参政之权。今世人几为定论，余不能不据理争之。

尝观各国历史，凡为立宪国者，人民皆有参政之权。惟罪人、年幼二者，不得预议政治。今吾国女子无参政权，岂吾国人视女子与罪人、年幼者等乎？夫罪人者，上违宪法，下害治安，为国之蠡贼，安有参政之权；年幼者，世事不知，鲜于阅历，衣食皆仰诸父母，既无报国之义务，安有参政之权利。然以女子与罪人、年幼者较之，则孰优孰劣，必曰女子优，优则当有参政之权，一也。

或谓女子无纳税之义务，故无参政之权利。试问女子之衣食，与男子同乎异乎？同则女子已有间接纳税之义务，而不予以参政之权利，则女子之义务权利不相等已极矣。女子同为国民，既负纳税之义务，即当有参政之权，二也。

或谓女子担任家政，无暇从事于政治。若女子有参政权，则家政必致废弃，故女子不应有参政权也。不知女子虽司家政，而家中多不止一人，亦何至因参政而废弃？且代议士每省不过数人，年开国会一次，每次不过月余，岂女子无一月之暇耶？夫女子有家政不能为代议士，则男子为代议士者，岂系游民无业之人乎？男子有职业而可为代议士，则女子有家政，亦与男子之

---

① 高梦旦以“崇”之名发表此文。——编者注

职业等耳，此应有参政之权，三也。

或谓女子有妊育之阻碍，故不当有参政权。不知女子之妊等于男子之病耳。试问男子有终身不病者？况女子有数年而育者，有终身不育者，即妊育亦不过一二月不能任事，且安知吾人，公举时即选妊妇为代议士者，此女子应有参政之权，四也。

或谓女子学识幼稚，无政治思想，故不可予以参政之权。然女子之无学识，乃幼时少受教育之故耳。若幼时即教以政治法律之学，及至成年饱尝忧患，安得无政治思想哉？试问二万万男子，其有政治思想者，讵尽生而知之哉？若以女子与男子同教，即断有政治思想。既有政治思想，即应有政治之权，五也。

或谓女子数千年无参与政治之权，一旦举为代议士，恐其宣平日之蕴积而饶舌，紊乱应议之事件，故不应有参政之权。夫东西各国女子，素与社会往还，其多言诚或不免。若吾国女子，素为幽闲贞静，安有举为代议士，反饶舌者乎？以一二女子之饶舌而定论二万万女子皆然，有是理乎？此女子不应无参政之权，六也。

以上六则，皆据理而言，其不能尽述者，尚不止此。愿吾赫赫神明之胄，巍巍黄帝之裔，协力同心，共争参议，庶不负一分子之责任也哉。

（原载《女学生杂志》1912 年第 3 期）

校印《四库全书》及其他旧书计划

民国十二三年间，商务印书馆借印文渊阁《四库全书》，余曾参与其事。虽时日短浅，书中内容，毫无所知，而三宿之情，至今犹不能遽忘也！去冬有德人巴斯氏有以遗产发展中国文化之传说。有人建议，摹写《四库全书》。余以为费多效少，因有缩印之计划。库本之罕见者，不及全书十分之一，因又有选印之计划。嗣因巴斯氏遗产事，久无着落；摹抄库本之议亦中止，拙作因未发表。近者教育部主张选印库本，时议赞否，颇不一致。对于校勘问题，亦多论列。因将旧作，略加整理，并附印刷及校勘计划，聊为一得之助。惟是版本之学，素少研究，姑就印刷立场上建议，或亦有若干之便利。至所征引各节，仅就耳目睹记及知交指示，拉杂陈之。数典忘祖，举一漏万，在所不免，阅者谅之！

（二十二年九月三日）

一、缩印《四库全书》计划

十一月五日《申报》专电称：德人巴斯氏遗嘱，指拨遗产四五十万元，为发展中国文化之用。有人主张以此款专供摹抄《四库全书》。查《四库全书》，创始于乾隆中叶，先后成书七部，现存者尚有四部。今于四部之外，增加一部，发展效力，似甚有限。鄙见宜选《四库》中未刊行之孤本，先为影印，尤有实益。如以《四库全书》规模宏大，足以发扬国光，昭示世界。与其依原书形式，抄录一部，不如缩印多部，可以流传久远。

《四库全书》中，文汇、文宗、文源三阁，先后被兵，荡然无存。文澜中多抄补，亦非完璧。文渊储存故宫，文溯、文津于民国五年由奉天热河移置北京。五星聚奎，传为盛事。东西洋各国，倡议重印重抄，以广流传。巴黎大学有希望送往展览之说。九年十月徐总统颁发明令，任命专员，主持印行《四库全书》。拟照原书形式，规模宏大，经费浩繁，卒无成议。十二年冬间，商务印书馆有缩印计划，曾向清室商借文渊原本，运沪印刷。呈请政府立案，经教育部批准提倡，交通部批准备车，不日成行。四月忽奉曹总统手谕禁止装运。十四年七月教育部电致商务印书馆，重申前议。八月段执政明令，准将文津阁全书移沪影印。适因奉直纷争，陆运海运，议论不决，因复中辍。十五年北京有传抄之议，形式装潢，悉如原本，预算每部需费六十三万元。十七年东三省有影印文溯之计划（时文溯已运回沈阳），拟印二千部，每部一万二千元。自此以后，对于《四库》事，罕有过问者。

近因巴斯氏遗产发展中国文化之传说，于是抄录《四库》问题，因以复活。据报载五百人抄录，三百人校对，二年完成一部，须费七十万元等语。与十五年传抄之预算，大致相同。惟就实际估计，七十万元未必敷用。所云抄录五百人，假定月薪三十元；校对三百人，假定月薪五十元；二年时期，已须七十二万元。尚有图画、钟鼎、篆隶、满蒙回藏各种文字，摹绘尤难，此外纸张、笔墨、装订、标签、函套等等，以及管理事务所费不赀。至于时间问题，尤无把握。科举废后，擅长楷书者，日以益少。校对人才，尤难罗致。欲于短少时间，招致八百人之多，恐非事实之所许。

兹拟用缩小影印办法，分甲乙两种，如下：

甲种书式　高六寸余，宽四寸余。版本字体，与《百衲本二十四史》相似。

乙种书式　高五寸三分余，宽三寸三分余。版本字体，与《古香斋丛书》相似。

假定以抄录两部之经费一百四十万元，改充缩印之用，可成甲种数十部，或乙种百余部。至于时间问题，影印尤为便利。《四库》纸张洁白，字迹清楚，最便照相。无论设厂自办，或分交石印店承办，均可计日程功，不致迟误。

抄录《四库》，尚有一困难之点，则校对是也。原有写本，难免错误，无可讳言，且亦不必讳言。抄录时明知错字，不为改正，当然说不过去。如欲改正，必须参考各本，详加校对。原本珍贵，不可着笔。随校随抄，亦办不到。势须先写稿本，以备改正之用。然后更就改正本抄录，更就改正本复校。其劳费之甚，可以推知。且多一次之抄写，即多一次之错误。治丝而棼，流弊滋大。如改用影印，至少可保存原本面目。成书之后，另聘通人，宽以时日，再行编次校勘记，陆续印行，较为便利。

论者谓《四库全书》所以可实者，半在内容之充实，半在形式之宏丽。改用缩印，不足以壮观瞻。鄙意宜于缩印之外，更就尤重要之图书，选择若干册，依照原式影印。纸张、装订，以及皮面、标签、书套、书函之尺寸、颜色、质料，概与原本一律。装成若干函，庋置缩本中，以为标本。使人得窥原书之真相，未始非补救之一法也。

（二十一年十一月二十一日）

二、选印《四库全书》计划

《四库》开馆，迄今不及二百年。中经兵燹，损失过半。现在名义上，虽有四部，浙江之文澜，多属抄配；沈阳之文溯，“九一八”后，为日人所占据；现在实际上比较完善之本，为我国主权之所及者，仅有文渊、文津二部而已。近世战术进步，破坏力百倍往昔。我国处积弱之势，外寇内乱，岌岌可危。如欲保存库本，必须印刷多部，方能流传久远。二十年来，抄印库本之议，层见叠出。或以经费无着，或以人事牵掣，迄无所就。十七年董众氏有选印文溯阁《四库全书》之议，其后金梁氏、高步瀛氏均有孤本选目，并根据陈垣氏所调查之册数卷数页数，编辑成表。兹列下：

金梁氏选目（种数）

	最要	次要	合计
经部	一四	六二	七六
史部	七	一二	一九
子部	一三	四一	五四
集部	二〇六	三二	二三八
计	二四〇	一四七	三八七

高步瀛氏选目（最要）

	种数	册数	页数
经部	六八	四八三	三二三二二
史部	一五	一九五	一四四六八
子部	一六	一三一	九八七四
集部	七八	四四三	二一四一八
计	一七七	一二五二	七八〇八二

以上根据《东北丛刊》第六、第十四、第十五期编次。

据高氏选目最重要部分，计一千二百余册，加以次要部分，合计当在三千册左右。较之全书三万六千余册，不及十分之一，诚属轻而易举。唯孤本之范围，甚难确定。鄙见无论有无印本，苟其访求不易，均应尽量收入，宁滥勿缺。但使罕见本能保存，能流通，所以嘉惠后学者，已非浅显，至于印刷全书，仅可宽以时日，无庸急急也。

（二十一年十二月一日）

三、印刷旧书计划

雕版兴，而抄书渐少；铅印石印兴，而雕版渐少。惮难趋易，人情之常。虽有圣者，莫能挽也！铅印石印之新法，既不能废弃，则利用其长处，救济其短处，亦吾人之所应有事者也。兹就经验所及，约略言之。

铅印之长处，排版较速，印数较多，母版纸型之储存较便较久；而复印亦因以较易。笔画清晰，虽四五号之小字，亦不伤目力。以此书价较廉，流传较广。但排版既速，铅字之流通亦较繁。排成之后，其势不能久待。而校对者以时间关系，不免草率将事。铅印字体，以通俗为主，笔画不能尽与古书一致，此其所短也。补救之道，宜多备铅字，使校对者得以从容将事。古体之字，多制若干，另行储存，以备不时之需。如是则铅印有雕版之长，而无其短，亦非不可能之事也！

石印用照相制版，不失原书面目，且免增加错误，可省校对之劳。（近人丁福保氏所印《说文解字诂林》，集二百二十九种有关系之著作，逐条剪下，依照原有部居，裱贴石印，阅者称便。）但原本格式之大小，行款之疏密，及小注之有无，各书不同。缩小之程度，颇难规定。其字迹模糊者，修补尤为不易。自来落石工人，往往依类似之形式，或因墨迹模糊，随意更改，校者稍不留意，时生意外之谬误。此石印之通病，无可讳言。近年商务印书馆石印《百衲本二十四史》，先行照相落石，印成样张。由初校者用色笔修正。更由复校者就着色处加意审查，重行决定。再付照相，然后制版。所有修补之事，不经工人之手，故错误较少。但少数人之精力，短时间之推敲，难保必无歧误之处。余意有疑问者，不可直接改正。宜另编校勘记，附于卷末。其办法别详之。

此外尚有若干之小意见，附列如后：

（一）版本不必太大，以期流传较广。商务印书馆出版《续古逸丛书》，依原书形式，用宣城纸印刷，似近奢侈品。如用普通版本、普通纸张，成本可减十之七八。当此民穷财尽之时，印行书籍，能稍偏于平民化，为益较大。

（二）增加句读。断句本属难事。惟其难也，故尤不可省。即使稍有错误，慰情固亦聊胜于无也。

（三）最难得，最有价值，而字迹又不清楚者，应用珂罗版印刷。但只可偶一为之，不宜借此为观美之目的。

总而言之，印刷古书为保存书中内容，供后人参考之用，非徒为形式计也。轮扁之言曰："君之所读者，古人之糟粕。"此诚有激而发，若印书而但求形式，则真糟粕而已！

（二十二年八月十九日）

四、校勘旧书计划

鲁为鱼，虚为虎，己亥为三豕。校勘之难，自古已然。雕版未行以前，一书何止三写。重以古文篆隶真草之变迁，辗转传讹，有非意想所可推测者。历代盛时，写书校书之选，其难其慎。刘向氏论校雠之定义："一人持本，一人读书，若怨家相对为雠。"校勘之事，盖若斯其不易也！

雕版既兴，成书较易，流通较广，实开文化之新纪元。得书既已便利，校勘方面亦随印刷术而进步。大抵可分为三：

（甲）"校改"参考各本，直接校改原文。其所以校改之理由及根据，则不之及。宋明刻本，于改正错误之处，有时挤下几字，拔疏几字，脱字则添补于行间，衍文则加点于字旁（见《书林清话》卷七）。其法虽属苟简，但能稍留校改遗迹，以引起读者之注意，不致有盲从之弊，亦其长处。又有凡遇疑义之字，即径作疑字以代之。例如，宋刊南北诸史，遇原文损佚，不知何字，则注疑字于旁；元刊《辽史》，则将疑字列入正文。后人疏忽断为

讹字，任意改窜，殊失阙疑之意。（见《百衲本辽史·跋》）

“会台申休疑简授郡县。”（见宋蜀大字本《魏书》十四卷十三页前二行）

“又为都将共讨秦州反贼支酉疑生擒斩之。”（见宋蜀大字本《魏书》四十二卷四页前二行）

“诏富者遣行，余留屯疑。”（见元刊《辽史》十九卷五页后六行）

“百僚上表固疑许之。”（见元刊《辽史》二十一卷一页后十行）

又有于阙文之处，径注阙字于旁者。

“殆至不济阙仍呼阿儿。”（见汲古阁《魏书》二十二卷五页后五行）

“诜字令孙，京兆太守，铣后继阙……”按：阙字下，至本行末为止，计空十三格。（见汲古阁《魏书》三十六卷十一页前三行）

至于通常校本，务适观美，往往模仿刊本之字体，使归一致。因此改正与否，无从辨认，流弊尤多。所谓覆某本影某本仿某本，往往瑕瑜错出，难保无以不误为误之处。朱彝尊氏校刻书籍，写本两校，刻本三校，皆亲自从事。其委托家塾师生代校者，发现一伪字，以百钱为酬。慎重如此，然犹不免讹脱之弊（见《书林清话》卷十）。孙星衍氏刊行宋本《说文》。严可均氏校改甚多。顾广圻氏作《辨疑》若干条，指摘严氏校改之误（见《说文辨疑·雷浚氏序》）。钱大昕氏根据谐声原则，指摘大小徐删改《说文》之非（见《十驾斋养新录》卷四）。校改之不可恃如此，实无可讳言者也。

（乙）“校注”参校各本，直接改正原文，并注其理由及根据于本文之上下左右，或卷末，或单行。明刻之王志长氏《周礼注疏删翼》，凌濛初氏朱墨本《琵琶记》，清刻之殿版《二十四史》，聚珍版《水经注》，黄丕烈氏《周礼札记》，阮元氏《仪礼校勘记》，其例也。兹将各书校注方法，摘录如下：

“统，所以合率，以等物也。”上眉“率或作牵”。（见《周礼注疏删翼》二卷九页后四行）

“凡掌共羞、脩、刑、膴、胖、骨、鱐。”上眉“刑当作铏”。（见《周礼注疏删翼》三卷三十一页前七行）

“虽望青云之万里。”上眉“虽，诸本作谁，误”。（见《琵琶记》一卷二页后五行）

“宝鼎现。”上眉“宝鼎现，系诗余名。今人改现作儿，误”。（见《琵琶记》一卷二页后八行）

“妄言末学。”“末，监本作未，今改正。臣照按：明监本讹字甚多而小注尤甚。今改正者，以万计。惟大字本文讹者则著之。小注不能详也。其无别本可考，明知其讹，不敢臆改者，则著其说以存疑。”（见殿本《史记》序考证二页前三行）

“群臣以礼次侍。”“侍，监本讹作待，今改正。”（见殿本《史记》十卷考证一页九行）

“神君最贵者大夫。”“封禅书最贵者太一，此作大夫，疑传写之误。”（见殿本《史记》十二卷考证三页后四行）按：殿本仍作大夫，未改。

“一由巡。”“案：由巡即由旬，书内通用，近刻讹作由延。”（见聚珍版《水经注》一卷十二页前八行）

“其俗与西夜子合同”“案：其字原本讹在俗与下，今据文义改正。”(见聚珍本《水经注》二卷四页后一行)

“此刻系校宋本，非覆宋本，故改字特多。然必注明以何本改定，非妄作也。若字之可疑者仍之，而于校语中标出。守阙疑之义也。刊成之日，附校语一卷，以俟读是书者取证焉。”(见《周礼札记》黄丕烈氏序)

“鄙师，经，而察其媺恶。”“媺误微，今订正。董本媺，岳本同。”(见《周礼札记》第八页前第一行)

“序官，掌固，注，王公设险。”“设误误，岳本设，小字本同，今订正。”(见《周礼札记》第十一页后五行)

“今总汉石经残字，陆德明《释文》，唐石经，杜佑《通典》，朱熹《经传通解》，李如圭《集释》，张淳《识误》，杨复图、敖继公《集说》，明监本，钦定义疏，武英殿注疏诸本，以及内廷《天禄琳琅》所收诸宋元本、

曲阜孔氏宋本，综而核之。经文字体，择善而从。”（见《仪礼石经校勘记》阮元氏序）

“挚见于卿大夫。”“据郑注贾疏皆当作卿大夫，各本皆误作乡（鄉）大夫。”（见《仪礼石经校勘记》一卷三页后五行）

“自西阶升受。”“通解诸本，皆作阶。石经重刻，讹作门。”（见《仪礼石经校勘记》二卷十二页后四行）

上项办法，虽将原文改正，但所改之原因及根据，均加详注。好学之士，苟有怀疑可以依据注文，更行覆勘，别求旁证，仅有纠正之余地。较之甲项之校改，其进步不可以道里计也。

（丙）“校记”为校勘记之略语。其法根据某本参考他本，歧异之字句，详细互校，记于原文之下，或卷末，或单行。而所刊之本，悉依原文，不加更改。黄丕烈氏之《国语札记》，阮元氏之《十三经校勘记》，其例也。兹将各书校勘办法，摘录如下：

“其中字体前后有歧，不改划一。阙文坏字，亦均仍旧，无所添足。以惩妄也。……管窥者，以某案别之。旁述见闻，别标姓名。”（见《国语札记》黄丕烈氏序一页前七行）

“凡字画行款，一从其旧。即审知豕亥烂脱，但于札记正之，而不易本文。……读荛圃斯刻，叹其先得我心，可以矫近世轻改古书之弊。”（见《国语札记》钱大昕氏序一页后二行）

“凡书必有瑕也，而后以校定自任者出焉。校定之学识不到，则或指瑜为瑕，指瑕为瑜，而玼类更甚，转不若多存其未校定之本，使学者随其学之浅深，以定其瑜瑕，而瑜瑕之真固在。”（见段玉裁《国语札记》序二页后一行）

“耀德。”“惠云，史记燿，丕烈按：依毛本集解也。”

“懋正”“补音作茂，解同，丕烈按：以古字改今字”，宋公序之失在，此余字悉然。（见《国语札记》一页后九行）

“刻书者，最患以臆见改古书。今重刻宋版，凡有明知宋版之误字，亦不便轻改，但加圈于误字之旁。而别据校勘记，择其说附载于每卷之末。俾后之学者，不疑于古籍之不可据，慎之至也。其经文注文，有与明本不同，恐后人习读明本，反臆疑宋本之误，故卢氏亦引校勘记，载于卷后，慎之至也。”（见《十三经校勘记》阮元氏序二页后四行）

“或跃在渊。”（见《周易注疏》一卷四页后六行）

“或跃在渊。”“岳本闽监毛本同，石经渊字讳缺末画。释文出或跃。古本或作惑，注及象文言同。”（见《周易注疏校勘记》一卷四页前二行）

“反复道也。”（见《周易注疏》一卷九页后一行）

“反复道也。”“石经岳本闽监毛本同。古本足利本道上有之字。一本无也字。释文复本亦作覆。”（见《周易注疏校勘记》一卷五页前四行）

阮氏《校勘记》，最大之特色，则以校勘所得，加圈字旁。便利检查，实非浅显。此诚治校勘者，所应奉为圭臬，而无可拟议者也。惟是此项办法，每校一次，必须将原书重刊，而后所加之圈，乃有所附丽。如无力重刊，或因校改有限，不必重刊，虽欲加圈而不可得，则其道又穷。区区之意，宜先编成校勘表，详列卷数、页数、行数等，以供填写之用。凡版本较多之书，宜择尤通行之一种为根据。其他各本，可以分人担任校勘。至于罕见之本，则须急行影印，然后访求他本，互相校对。其远地不易罗致者，就所根据及新印之本，或亲往校对，或委托就地人士代校，并将校勘表抄录或复印若干份，以备互相参考。似此得尺则尺，实属最有效力之办法。俟见闻所及之版本，为力之所能致者，搜罗既毕，即可删其重复，正式印行。其后如更发现有价值之别本，则另印补遗附于其后。如此则得一份校勘表，不啻集各本之大成，岂止事半功倍而已哉。

总而言之，普通书籍，大抵用校改办法，借便阅读。其稍稍高深者，参用校注校记办法，以昭慎重。此为中外各国之所同。兹举东西洋校勘通例如下：

（一）遇有怀疑或歧异之点，于本文之旁，加注符号〇●＊及数码❶❷❸，其校正之文字，或列于文本之上下左右，或卷末，或单行。

（二）书中完全照普通形式印行，不注符号数码。卷末之校记，详注章节、页数、行数，以便对照。兹摘录日本出版之《大正新修大藏经》及英国 The Times Book Club 出版之《莎士比亚集》为例：

大正新修大藏经

❶多罗 ❷叶记……

……

……

❼唐梵文字……

……

……

㉑达……

……

……

㉓（比丘部）……

……

……

❶ [原]醍醐寺藏写本 (甲)井上哲次郎藏写本

按：[原]指原本，(甲)指别本。

❷ 叶记 = 要钞(甲)

按：= 等号，原本作叶记，别本作要钞。

❼ 唐梵文字 = 梵语集(甲)

按：原本作唐梵文字，别本作梵语集。

㉑ 达 + 菩萨(甲)

按：+ 加号，达字下，别本加菩萨二字。

㉓（比丘部）— (甲)*

按：—减号，* 多数号，谓多数别本均无比丘部三字。

（按语系作者所加，其他均依原文，见原本 2707 页。）

LOVE'S LABOUR LOST

Notes.

Act I, Sc. I, 192 (or forbear laughing.) Capell. The First Quarto and the Folio read *hearing* ?

Act IV, Sc. I, 140(Armado o'the one side.) The Folio has *Armathor ath to the side*. In the First Quarto, *Armatho ath totheen*.

Act V, sc. I, 50(third of.) Theobald. Quarto and Folio have *last of* .

Act V,Sc. I, 64 (circum circa.) Theobald. Quarto and Folio have *unum cita*.

（原载《东方杂志》1933 年第 19 期）

|序 跋|

书《闽中新乐府》后

甲午之役，我师败于日本。国人纷纷言变法，言救国。时表兄魏季子主马江船政局工程处。余馆其家，为课诸子。仲兄子益先生，王子仁先生，欧游东归，任职船局，过从甚密。伯兄啸桐先生，林畏庐先生，亦时就游宴，往往亘数日夜，或买舟作鼓山方广游。每议论中外事，慨叹不能自已。畏庐先生以为转移风气，莫如蒙养。因就议论所得，发为诗歌，俄顷辄就。季子先生为出资印行，名曰《闽中新乐府》。迄今三十年，散失殆尽。侄女君珈独有一册，珍同拱璧。因为记其本末如此。

民国十六年一月六日高梦旦记

（据世界书局1949年4月版《春觉斋著述记》收录）

《绝岛漂流记》序

余友沈瓞民，以其弟诵先所译《绝岛漂流记》见示，且谓余曰："吾弟三岁得足疾，不良于行，长而益甚，然不以病废学，日夜治英文。今年二十又二矣，所译著正蕃，此特其一耳。书为英人狄福狱中之作，吾弟私喜之，欲借以药吾国人。"越数日，又言此书承同志付梓，因督余序之。余惟狄福忘其縶囚之身，著为文章，激发其国人冒险进取之志气，说者以谓欧人贤于吾亚人矣。今诵先病足之苦无异于狄福，乃亦不恤呻楚，勤事此书，以觉吾四万万之众夫。诵先固吾亚人也，固吾亚人之病废者也。嗟乎！病废如诵先，犹不自暇逸，以无负于其群，则凡四体皆备，俨然为完人者，所以自处又当何如也？余对瓞民，余愧诵先矣。

光绪二十八年五月二十日长乐高凤谦梦旦甫

（据上海开明书店 1902 年版《绝岛漂流记》收录）

《新字典》缘起

余早岁训蒙，日抱经典，强聒不舍，舌敝唇焦，竟无术使之领会。间投以子史说部之有兴趣者，则手舞足蹈，迎刃而解。于是悉心采集，冥搜故纸中，往往穷终夕之力，始得供一朝之用。临渴掘井，劳而鲜功。复以人生必需之智识，不可无以语童蒙也。乃又取材于译籍。当是时，余于科学智识，未曾梦见，恒以一二术语之不可通。应用材料，因而废置。欲求适当字书，足以兼赅今古。借资探讨，竟不可得。会仲兄子益，欧游东归，诉以所苦。仲兄为余言欧洲训蒙之书，乃依学生之年龄，特别编辑。材料如何完具，程度如何适合。其所谓字书者，则合单字成语而成。种类如何繁伙，检查如何便利。余闻而私慕之。发愤欲习欧语，年已蹉跎，迄无成就。久之稍稍以汉读法学习和文，始得窥所谓教科书者。所谓辞书者，平日与二三同志论议，谋从事编辑，各以事牵，因循者又有年。壬寅游日本，见彼都人士，教育之普及，常识之备具，教科书辞书之功为多。既归国，遇张君菊生于海上，纵谈及此。时张君方主商务印书馆，以编辑教科书为己任，因要余襄其事。乃得与蒋君竹庄、庄君百俞辈，朝夕共铅椠，致力于所谓教科书者。既历有年所矣。自教育革新以来，普通学校，科目既繁；专门学校，分析尤微。承学之子，以余力治文词，殆不及往昔之十一。常见聪颖儿童，入学三数年，执笔成文，朗朗可通。及授以稍典雅之书翰，与夫报章论说，则满纸荆棘，不能卒读。以古来相传之成语故事，多非素习故耳。欧风东渐，学术进步，百科常识，非一人之学力可以兼赅。而社交日用之需要，时又不可或缺。夫文词如是其浩博也，学术如是其繁赜也。辞书之应用，较教科书为尤普。余之入商务馆也，既屡以为言矣。顾馆中方专意教科书，无暇兼营。以余之不学，又岂能以一身两役。戊申游广州，与陆君炜士谈辞书之关系，所论大洽。归以语张君，乃要陆君主其事。又得傅君伟平、蔡君松如、方君叔远辈相赞助。至今年而脱稿，命之曰“辞源”。又刺取其单辞，先付手民，命之曰“新字典”。呜呼！生平所怀之愿望，日萦回于梦寐间者，止此而已。乃幸得追随我同人后，蒐讨编纂，历时十年，仅而有就。而此十年中，因人事之牵帅，几至中辍者屡。勉强自持，得有今日。草创经始，百孔千疮。同人雠校，朝更一字，暮易一义，执卷断断。既成犹责虽靡己，而余辄沾沾自喜。若忘四方督责之严，与其寸心之所内疚。良念往岁训蒙所苦，积为疢痗，聊借此苟合苟完者，以偿昔日之愿望也。自兹以往，且将公之于世。大雅宏达，必有匡其不逮、纠其刺谬者。吾侪朝斯夕斯，掇拾而补苴之。安知今日之愿望，不又取偿于将来乎？既以此慰我同人，因书其缘起如此。

中华民国元年九月十八日高凤谦志

（据商务印书馆 1914 年版《新字典》收录）

《蒙台梭利教育法》序言

余今春欧游，至罗马，访蒙台梭利。蒙氏状貌和蔼，被服朴素，一望而知为慈祥恺悌人也。蒙氏导余观其所属之幼稚舍，舍为长方形，前半列小儿，为生徒修学之所，后半稍空廓，则体操唱歌用也。女教师一人，实习女生二人，英法德美妇人之参观者十余人，男女生徒三十余人杂居一室。诵读者、习字者、布算者、游戏者、休息者自由动作，于活泼中带严肃之概。教师循环指导，实习生从而助之，大类家庭之游戏场，几忘其为学校也。蒙氏语余曰："今之教授法，以整齐划一为主，不察人类之生理，不审儿童之个性，强使习同一之业，削趾适履，为害孰甚。余之教授法，各就儿童之性质，任择所业，非其素好，不之强也。"因指一生曰："此生初入学，以习字为苦，余即任其先习他业。未及两月，此生见同学皆能书，乃发愤习字，今其书法不在他生下也。"方问答间，有一生持石版示蒙氏，其辞曰："蒙台梭利先生，余之良先生也。"蒙氏含笑，即书其旁曰："某某余之良学生也。"此生欢跃而去。又有一生以石版书曰："余喜中华人。"余颔而谢之，此生致敬乃退。蒙氏又语余曰："余之教授法，行之三岁以上、六岁以下之儿童，既已收其效矣。其六岁以上、十三岁以下之教授法，研究有年，近已成书，不日付刊，余自信可以施于实用。"余问蒙氏曰："君之教授法诚善矣，然为教师者，无乃劳甚。"蒙氏以余语语教师曰："余教授幼稚生多年，新旧法皆习用之，旧法似简易而出于勉强，新法似纷杂而出以自然，以余之实验言之，宁谓新法逸也。"蒙氏之教授法，发明以来，不及十年，风靡全世界，各国争相仿效。其所著作，传译几遍，独吾国缺然无闻。余居罗马日浅，又不习其方言，未能有所记述，以饷吾国，引为深憾。适但君译成是书，深幸其能介绍蒙氏之学说，因书所见闻以为之序。

中华民国三年十月十五日

（原载《教育杂志》1914 年第 5 期）

《四角号码检字法》序

我国自古视文字为特殊阶级之专业，本无取通俗之用。读书先识字，六书义例为入门之学。诗赋取士以后，音韵又为士夫所习知。故检字方法，自《说文》以迄《康熙字典》，均以偏旁分部。普通字书，殆无出其范围者。类书则多依音韵，即旷古今最巨之《永乐大典》，亦缘斯制。其势力之伟大可以想见。近世人事日繁，文字应用日广，各种索引，为治学治事所不可缺。旧法参差迂缓，不足以供急切之用。于是有用画数者（如人名词典、动植物词典），有用起笔者（如元亨利贞及江山千古），有用音韵者（如《国音字典》），无非由繁趋简，舍难就易，为事势所不得不然。惟是画数相同之字，多至八百三十（见《新字典》检字十二画）。起笔点画，仅分四类，重复尤多；而国音则为方言所限，更难供普通之用。以上三种检字法，虽较简单，而仍不能餍足人望者此也。

余幼为伯兄啸桐先生译电报，每遇难检之字，必须辗转寻觅。如“高”字先检亠部，再检口部，再检门部，均不可得。于是翻阅全书至最后数页，始知高为部首，且一部仅此一字。此外，如巨入工部，目入巳部，才入手部，者入老部，与部首完全无关。当是时即感偏旁检字之不便，及后编辑字书辞书，益知改革之不可以已。《说文》五百四十部，《梅式字彙》并为二百十四部（《康熙字典》即依斯制）。余仿其例，更并为八十部，检查方法，依部首之顺序。木子为李，弓长为张，颇与口语之习惯相近。其不属于八十部之字，谓之余部；不属于八十部之笔画，谓之余笔。然部数及同部之字，仍嫌太多，余部余笔，亦淆视觉。计划垂就，辄复废置。近者林玉堂、何公敢、王岫卢三君，均有检字法之新发明。林君条例最简单；何君对于字之点画研究最彻底；王君但取四角，检查最迅速，节省时间尤多。三者孰优，虽未能遽下判断；而视旧法，大有进步，则可断言也。

恒人之情，蹈常习故，尊古卑今。旧法习用既久，即甚不便，而以为事势之当然。至于今人所创新法，则求全责备，稍有疑义，辄望望然去之。语曰："利不百，不变法；功不十，不易器。"我国万事之不进步，皆斯言阶之厉，不独检字法为然也。

今试以《康熙字典》之旧法，与王君之新法，比较如下：

旧法　　分二百十四部；

新法　　分十类。

旧法　　须注意全字之形态；

新法　　但注意四角之形态。

旧法　　既知部首，又须计算画数，而后得所检之字；

新法　　一知号码，即得所检之字。

旧法　　同部同画之字，无一定之位置；

新法　　同号码之字，更以笔画种类及形态为先后，有一定之位置。

就以上各点言之：新旧法之难易，殆不可道里计。

更以余之姓名"高梦旦"三字，比较新旧法之短长：

旧法

高字，初学必先检亠部，再检口部，再检冂部，最后始检高部。

梦（夢）字，初学必先检艹部，再检夕部。

旦字，属日部，日部亦有疑义。

新法

高字，为〇〇二二

梦（夢）字，为四四二〇

旦字，为六〇一〇

由此观之，旧法三字，皆有疑义；新法皆无疑义，其优劣可知。

汉字集点画而成，其变迁断续，初无一定规则。雕刻缮写，歧异尤多。新法以点画为基础，自不能无多少之分歧。补救之方，除规定书法及互见两类外（前者见备考中，后者宜从宽以省重检之繁），更就旧有比较通行之“偏旁”“笔画”“音韵”成法，编为三种索引。依其原定顺序，按字排列，而注明新法号码于其下，检者各就其所习知求之。习熟之后，如以新法为便利，则索引可从简略，或竟删去。似亦过渡时代调停之一办法也。

总而言之，旧法既不得不变；则对于新法，宜用十分之同情心，加以研究。须知凡百事物，草创之始，必难遽臻完善，吾人当以讨论修饰为己任。总期比较的良法，有成功之一日，庶治学治事之效率，得以增进。兹因王君征序于余，遂书平日所感想者以归之。并质林、何二君及研究检字法者，以为何如？

民国十五年四月二十七日高梦旦

（据商务印书馆1933年版《四角号码检字法》收录）

|书　信|

高梦旦致王国维、胡适的书信

高梦旦致王国维[1]

静安先生阁下：

积岁暌教，正洊企慕。前日先由张菊生君托陈叔通君奉攀高躅，菊翁并鲁专诚趣访。幸蒙不弃，欣幸曷胜！敝所距离尊处较远，往来不便，未敢重劳下顾。此后商量旧学，容当随时就正有道。谨自阳历明年一月起，谨致月脩五十元，区区之敬只以将意，想勿麾斥。先此肃订，余俟面陈。

敬讯起居

高梦旦

九　十二　廿一

静安先生阁下：

日前诣教，借倾积愫，甚慰，甚慰！

前本馆购有《金石苑》稿本，以致排比付印。曾托况夔笙君重辑，嗣以匆匆，蒇事似多未安之处。张菊翁略一复阅，另册记录，仍搁置至今。兹谨将况君所辑及未辑入之稿另单开呈，连同原稿并菊翁记录一并送奉，敬祈手定，俾可成书。至为感企。

敬讯起居

高梦旦

十　一　廿二

---

① 选自马奔腾辑注：《王国维未刊来往书信集》，清华大学出版社，2010年版。

静安先生惠鉴：

前日由菊翁交示手书并跋后一纸，诵悉。佩甚！

昨日菊翁商议，此书诚为残稿，且在今日印行，有功金石已甚浅甚少，惟刘氏一生精力所在，能就此所余存为之传布，或亦金石家之所乐闻也。夔笙先生所编既经复审，以为大体不差，拟请参阅菊翁另记小册，再为完成之。其有目无文者多，可补抄。如属罕见，不易搜补，似亦不妨于原目下注明原佚。统希裁夺。《海东金石苑》原稿在刘翰怡先生处，尚拟由菊翁与商一并借印。卷帙尚不为多，尊意以为如何？专此奉商，敬候示复为荷。

敬讯起居

高梦旦

十 二 廿二

高梦旦致胡适[①]

适之先生大鉴：

近数月来，国家社会，问题甚多，有无数话要说，但不知从何说起，把笔而中辍者屡矣。在君、叔颖各见一次，只问尊体及祖望病状，语及不公，以时间环境所限，无可如何。在君言祖望病已出险，隔十日叔颖亦云然，究竟如何，仍不能使我放心，幸更示之。《生活》言论平平，竟至禁止邮寄。此间人议论分三派：甲用柔道，托人疏通；乙正式起诉，宁可永不出版；丙用极端手段。鄙意以乙法为善，但恐终用甲法。近来政治不上轨道，当然政府之过，亦因社会宽纵过共（除共产派外），不免陷长君、逢君之病。平心言之，当局者非绝对不可与为善。即《生活》事，发令者行无所事，并不知其影响之巨也。秋间拟到平谋一长谈，匆匆不尽，敬讯起居。

高梦旦

二十一 八 一日

---

① 选自中国社会科学院近代史研究所中华民国史研究室编：《胡适来往书信选》，社会科学文献出版社，2013 年版。

得电知已抵东，甚慰。时局混乱已极，国共与北方鼎足而三，兵祸党狱，几成恐怖世界，言论尤不能自由。吾兄性好发表意见，处此时势，甚易招忌，如在日本有讲授机会或可研究哲学史材料，少住数月，实为最好之事，尚望三思。战事近日无进步，当然为内部破裂之影响。外传陈氏已被捕，似不确。匆匆不尽，敬讯起居。

梦

四月廿六

适兄鉴：

昨函计达。顷晤乡人之为海军政治部主任者，言有人主张请胡某为上海市宣传部主任，徐志摩为之副，业已决定，云云。似此，足下返国后如何能不问事，且有吴、蔡诸君关系较深，亦必不放手。故弟以为稍缓归国为得策，尚祈再酌。

梦旦

五月五日

连日屡晤，以人多，不克尽言。明早同儿辈赴杭，匆匆不及再谈，殊怅怅。

弟对于新政府并不抱悲观，且以为比较的有希望，即其不容异己，亦未（必出）于当局之本心，可以原谅。惟是我辈遇事好批评，且不择巨细。吾兄负盛名，尤使人注意。即如早间所云“借死人为发财工具”，意指市侩，而听者或以为有他用意。近来有人于报纸稍发反抗言论，即招疑忌，是其证也。吾兄对于当局或有意见，可以尽言，且甚有效力。但平时言论能稍谨慎，对于不相干之人尤宜注意，想兄必谓然也。

弟在杭不过三四日，昆山附近有屋，如能租住，甚便往返。

梦旦

廿一夕

高梦旦等六人致《学习生活》的信[①]

编辑先生:

我们是在战区里做政治文化工作的一群青年，我们的多数人都是爱好文艺，并且正在学习写作的过程中，因为交通困难和种种原因，很难得到后方的文化食粮，对于文化各部门的新动态都感到异常生疏和隔膜，而我们在实践的生活中，常常遇到许多困难的问题不能得到解决，而感到痛苦的，我们是迫切地需要了解许多和我们工作上有关的问题。最近我们偶尔得到一些重庆出版的刊物和报纸，知道近来文艺界中有“民族形式”这问题的论争，极引起我们的兴趣。因为这问题与我们的实际工作和学习都有密切关系，很想把它弄个明白。我们所得到的是一些零星的材料，只笼统地知道有主张“旧瓶装新酒”的，也有反对这主张的，各人的意见分歧，莫衷一是，对这个问题不能有全面的理解，更不知道论争的结果如何？有没有得出正确的结论来？我们为了这个问题也开过一二次讨论会，但因为材料太少和我们的学识浅陋，自然是不敢作结论的；同时照我们的一些实际工作的经验，利用民间的旧形式故能收到很大的宣传效果，但新形式（如话剧、新歌曲等），并不是无知的民众不能接受的，只要内容和民众的生活接近，效果仍是很好的，并且利用旧形式往往觉得和新内容不能融合，效果反不如新形式好。正因为

---

① 原标题为《关于文艺的“民族形式”问题的论争》，后有署名为“楚云”的回信，回信时间标注为“一九四〇，八月二十四”。——编者注

如此，使我们的讨论不能得出一个结论。恰好在这个时候，我们幸而看到贵刊《学习生活》，其中有“学习问答”一栏，是替读者解答许多学习上和生活上的问题的，因此我们就诚恳地写了这封信，请求你们对这个问题给我们做个详尽解答，除希望你们总结许多人的意见外，并请你们对这个问题的见解也告诉我们，这对于我们的学习和工作是有很大帮助的，想先生不至于拒绝吧！

耑此敬请

撰安！

高梦旦、白文澜等六人同谨启

（原载《学习生活》1940 年第 5 期）

追　忆

|文　章|

我所认识的高梦旦先生

王云五

我最初认识高梦旦先生，是在民国十年中秋节之前一二星期。那时候他正担任商务印书馆的编译所所长，我却闲居在上海，替一个旧学生新办的一间小书店主编一部丛书。给我们介绍的人，就是胡适之先生。因为高先生担任商务的编译所所长多年，自己常以不懂外国文字为憾。自从新文化运动开始以后，商务努力出版关于新文化的书籍。高先生认为不懂外国文字的人，对于新文化的介绍，不免有些隔阂，因此屡屡求贤自代。他看中了新文化运动的大师胡适之先生，盼望他能够俯就商务的编译所所长。经过了多次劝驾和拖延了几个年头，胡先生毕竟碍于情面而应允了。但是胡先生的应允是有条件的。他的条件就是先行尝试几个月，如果尝试之后认为于自己的性情不合，仍然要还他初服的。那时候胡先生正在北大任教，为着便利尝试起见，择定民国十年的暑假，暂时不用名义来商务编译所视察两个月。经过相当时期之后，胡先生把商务编译所的内容和工作都研究清楚。一面提出改革的计划，一面却以编译所所长的职务关于行政方面较多，与他的个性不很相宜，便对高先生说明他的意旨，打算尝试期满仍回北大教书。高先生是极重信义的人，也是最能尊重他人意旨的人。因此，他对于胡先生继任编译所所长虽然害了好几年的单相思，但是经胡先生坚决表示意旨之后，他便不敢强留。于是不得已而思其次，请求胡先生找一个替身。他因为崇拜胡先生，便以为胡先生认为适当的人是没有不适当的。事有凑巧，胡先生从前和我有同学之雅，当他出洋留学以前，我们常在一起。他回国任教于北大的时候，我已经回南方。直至这次来上海小住，我们才有机会话旧，而且常相过从。他从前知道我对于读书做事都能吃苦，又曾发现我于青年时代做过一件呆事，把一部《大英百科全书》从头至尾读了一遍。这次留沪相聚，又知道我十年来读书做事的经过和新近从事编译事业。那时候不知道他怎样决定下来，事前绝对没有和我商量，便把我推荐于高先生，作为他自己的替身。高先生对于我从前并无一面之雅。对于我的著译，据他后来对我说，虽略经寓目，却没有看出什么特色。可是一经胡先生的推荐，他便毫不迟疑地郑重考虑，经胡先生介绍我们一度晤谈之后，他便向商务当局提议举我自代。我呢，因为正想从事编译工作，如果能够有一个大规模的出版家给我发展，那是无所用其客气的。而且我平素有一种特性，对于任何新的工作或是重的责任，只要与我的兴趣相合，往往就大着胆去尝试的。因此我除了提出和胡先生从前所提的唯一条件，就是给我三个月尝试再行定夺外，也就一口答应下来。记得从民国十年的中秋日，我便到商务编译所开始工作。初时我并没有什么名义，每日承高先生把编译所的工作和内容详细见告，并由高先生随时把种种问题提出和我商量。这样地过了三个月，他便要求我正式接任编译所所长，并应允和从前应允胡先生一般，于我接任编译所所长之后，他仍留所内，改任出版部部长，随时助我处理所务。我在这几个月中，承高先生开诚指导，并承他将来继续相助，同时我对于这件工作的兴趣也很浓厚，因此便正式接受了。从此以后，我便和高先生直接共事六年。到了民国十六年，高先生因为年满六十，坚执要步张菊生先生的后尘，脱离商务的直接职务。但此后十年之间，无时不以商务和我个人的挚友资格，尽力赞助；虽至病笃之日，仍不改其态度。自从我开始认识高先生之日，直至他撒手离开这世界的一秒钟（因为高先生去世的一秒钟，我正侍立病榻之旁），中间约莫十五足年。对公事上我和他商讨最多，对私交上我也和他过从最密。他的性情，我是认识最真之一人；他的美德，我也是知道最多之一人。不过事后追记，不免挂一漏万，而且在百忙当中，要做详尽记述，也有所不能。现在且根据留在我脑中最深刻的印象，给高先生写写各方面的真容。

第一，高先生是一个老少年。高先生的性行，断不是几个字所能完全表现的。如果只限于几个字，恐怕再没有像这“老少年”三个字为近似了。高先生去世时已经是六十八岁，不能不算是老。高先生在最近几年间，身体容貌也无一不呈衰老的样子。可是他的精神，直至服了大量安眠药，长眠不醒以前，无时无刻不是少年的。他常常对我说，旧日读书人要推行所主张的事，往往以“于古有之”一句话为护符。高先生却以为把这个“古”字改作“外”字较为妥当。他并不是说笑话，而是认定古制对于现代至少是不适合的。他又以为，现在强盛之外邦确有其致强盛之道。社会状况纵然彼此有些不同，而自然科学是没有国界的。推此一念，所以有病待治，则绝对信赖西医，而反对中医，甚至对其最崇拜之胡适之先生为某中医捧场时，他也不怕公然反对。又如度量衡一项，他极力提倡最合科学的米突制，而反对任何折中的制度或实际流行颇广的英美制。这还算关于自然科学的。至于社会问题，他也很倾向于新的方面。记得民国十年我初到商务任事时，编译所同事某君，以向未结婚的老童男和再醮的某女士结婚；这在目前本不为奇，但十五年前的社会习惯，和现在相差还远。高先生对于此事，却当作断发天足一般的热心提倡，逢人表示恭维的意思。又高先生平素虽不喜谈政治，但偶遇时人主张一种制度而附会到旧说或旧制的时候，高先生屡屡对我说，这简直像把现代国家之共和制度和周召共和附会起来同样的可笑。这几个例子，都可以证明高先生的思想是少年而进步的。再从日常细事观察一下，像高先生的资望和年龄，不知道他的人或者以为是道貌岸然的。其实大大相反。他每次到我家来，见着我的小儿女，总是和他们戏弄说笑，口里常说“我和你比比气力，打打架，好吗？”因此我的小儿女都不觉得这是老伯伯，只认为他是小朋友之一。他不但对朋友的儿女如此，就是对于自己的儿女，而且是长成的儿女，也持着同一态度。别人家的老父，对于已长成的儿女，大都是庄严其貌，可是我常见高先生和他的儿女一起谈笑讨论，绝对不摆出老父的派头。他去世后之某一日，他的长女君珊小姐含泪对我说：“别人家只不过死了一个父亲。我们却不但死了父亲，而且死了最可爱的一个朋友。”这的确是没有半点虚饰的说话。又高先生卧病医院时，我逐日前往探问，因格于医院的禁令，不敢入病室惊动高先生。高先生却屡向家人询问何以我没有来。家人卒以实告。乃坚嘱下次来时，邀我入室，并允不多谈话。其后，我入病室相见。我的第一句话，就是请他安心静养，此时遵医嘱不敢多谈话。而高先生第一句话的答语，就是“你每日来此，却不进来谈谈，我已侦探明白，俟我病好出院，和你算账打架”。言毕，彼此一笑。其少年的性情，虽在病重时仍然流露。不料这位可以互相打架的老少年朋友，等不及出医院，已没有再谈话的机会了。

第二，高先生是一个性圆而行方的人。这里“性圆”二字，虽然是我所杜撰，但上下连缀起来，其意义自然明了。蒋竹庄、庄百俞两位先生为高先生所撰的传，都说高先生性刚。但自从我认识高先生以来，至少有六年工夫每日和他共事，觉得他总没有发过一次脾气。换一方面，我自己却发了好几次的怪脾气，全赖高先生把我镇静下来。高先生镇静我的脾气，有一种很巧妙的方法。就是当我脾气正在发作的时候，他大都对我表示十二分的同情，等我脾气稍息，他往往用幽默的话，引我的情绪离开关系的问题，渐渐把它淡忘。俟有相当机会，再用几句警语，使我自己感觉前次发脾气之无意义。他这种方法，如果用于教育上，也可以算是一种优良而有效的方法。他是否对别人也用这种方法，我不得而知。但对我却已用过好几次。我平素性情傲僻，自从开始服务以来，除教书时能长久维持学生的好感外，其他所任职务，都不能久于其职。自从加入商务印书馆后，接连十五年间，虽然好几次自己想走，但是除了民国十九年一度辞职，那时高先生已经脱离商务印书馆的直接职务，而且我这次辞职已得高先生同意外，其他好几次想走的机会，都给高先生用上述方法于无形中消泯了。我又常常听见高先生说起，他替商务做了不少次的和事佬。商务的当局，我敢说，都是为公的，可是学识眼光种种不同，长久共事，总不免有些意见。而介于其间，以妥协的方法消除当局间彼此相左的意见的，恐怕高先生就是重要之一人。他曾经和我提起一句笑话，说他好像是印刷机器上的橡皮，其意便指此事。而且高先生不只是那时候各当局间的橡皮，并且一度做过商务印书馆劳资双方的橡皮。因为在民国十五年以前，商务劳资双方虽然极少争执，却也曾有过一次局部的罢工；而复工的时候，则由高先生带领那些罢工者入厂。这件事发生在我加入商务以前，详情我不知道。事后偶闻高先生说起，当时虽没有详询来由，但总可断定是靠高先生以平素消泯公司当局间意见的同一方法，来解决那一次劳资纠纷罢。综此几个例子，我为他杜撰“性圆”这一名词，似乎是再适当没有了。但是他的性情虽是圆的，而他的行为却仿佛是四个九十度直角所成的正方形。关于这一项，可举的例子极多，不及枚举。概括说起来，就是绝对不要一个不劳而获的钱，绝对不引用私人，以及违反自己宗旨的事无论如何绝对不肯屈从。这最后的一项，似乎和性圆的人是不相合的。可是就我十几年来所知道的，高先生一方面很方正地维持他的宗旨，另一方面仍无损于圆通的性情。这确是别人所做不到，尤其是像我这样的人，是断断不能学步的。

第三，高先生是一个思虑周密而非寡断的人。高先生思虑的周密，凡在知好同事没有不承认的，即高先生自己也不否认。但是寡断一语，却是他自己的谦辞。别人因为受了这种自我宣传的影响，却也有些承认此语的。其实思虑周密的人，因为顾虑过多，遇事间或不易决断。不过思虑周密的程度如果达到相当的高，把利害分析得很清楚，虽然任何办法不能有绝对的利，尽可采取利最多而害最少之法，因此仍不难下决断。高先生实是这一种的人，所以他的思虑尽管周密，遇事仍能下最大决心。试举一极显著的例子，当他举我自代之时，我的声名远不及胡适之先生，我和高先生的交情可说是绝对无有，同时怀疑我的人，在商务内外皆有之。事后他都告诉我，我自己也承认这种种怀疑亦有相当理由。但是高先生一部分固然是信赖胡适之先生的推荐，大部分还是利用他周密的思虑，把利害两方细细权量轻重，才毅然下此决断的。

第四，高先生是一个不能演说的说客。高先生常常称赞我的演说才，而自恨不能演说。的确，我和高先生认识了十五年，没有听过他一次的演说。所以高先生关于这一项的谦辞，我不敢否认。可是高先生当说客的本领，是值得人人赞许的。我亲见他为着商务印书馆的事，做过了好几次的说客，每次都有满意的结果。对公众的演说和对私人的说辞，方法本不相同。公众的演说第一要有气魄，第二要言语清楚，第三还要带点荒唐的态度。高先生说话不很响亮，所说的国语带一半福建土白，同时过分谨慎，恐怕在公众面前演说要出了什么差处，因此他不肯轻易作演说的尝试。久而久之，便更觉自怯，而认为自己的确不能演说。其实，只要一二次大着胆尝试尝试，便不觉其难了。我屡次以此劝诱高先生，甚至有一回为着他所最热心提倡的“四角号码检字法”研究班举行决赛竞赛给奖，坚请他作简单的演说，他总没有答应。可是高先生的口才原来不差：一则他有逻辑的思想，二则他很熟识世故，三则他有极诚恳的态度，四则他有极圆通的性情，所以什么复杂的事，经他解释或疏通一下，没有不症结立解的。

第五，高先生是一个不长于算学的算学家。我国旧日的读书人，最不注重数目字，所以说到山的高，动辄千百里；说到田的多，动辄万千顷；做起事来，也就不肯一一二二分别清楚，总是“差不多”“大概”这样的模糊过去。甚至受过新式教育的人，表面上高等算学也曾涉猎，但是除有直接运用算式的必要外，平时办事也很少利用算学来解决的。高先生却不如此，他虽然是旧学的出身，没有受过新教育的洗礼，他对于算学的智识也不高深，但是讨论事件的时候，他总是手持铅笔，运用四则比例或百分的笔算，作为决断的根据。在没有计算清楚以前，不肯遽作结论。他并且喜欢比较计算，譬如想出版某一种书，估计其营业的损失，常人只不过按照所拟的版式字体和纸张加以计算罢了。高先生却另行假定种种可能的版式字体和纸张，把这种种假定计算所得的结果和原拟计算的结果互相比较。这虽然多费一些工夫，但他总是不惮烦劳的。他又常常试作统计，虽然他对于统计工作所能运用的算式，只是百分法或是加法和除法所得的平均数。但是主持全局的人本来用不着自己从事精深繁琐的计算，只要遇事都做粗略的统计或比较，那就很难能可贵了。高先生有了这种运用算学的良好习惯，所以在他的细密思想中，又加上客观的论据了。

第六，高先生是一个舍短取长的鉴衡家。高先生是最爱才的人，随时随地都想物色人才。他对于人才的鉴衡，抱持着最公允的态度。他认为天下没有完全的人物，因此，对于大醇小疵的人才，不仅舍短取长，而且完全忘却其短处。单就商务印书馆一方面而论，经他拔擢的人着实不少，结果，都是很有用的人才，影响于商务印书馆的发展很大。当他举我自代时，我所有的短处，断不能逃过他的鉴衡。不过他还是持着平素所持的态度，把我的短处忘却罢了。

第七，高先生是多方面的研究家，又是许多研究家的赞助人。高先生对于研究的兴趣很浓，而且是多方面的。在二十几年前，有改革部首的草案，其方法但管字形，不管字义，将旧字典的二百十四部，就形式相近者并为八十部，并确定上下左右的布局。此法较旧法已很便利，但高先生是一位彻底的改革家，自己认为此方案还不算彻底，始终没有把它发表。他又抱“成功不必在我”的态度，当他把自己的检字方案搁置时，便留心到外间有没有热心研究改革检字方案的人。后来给他发现林语堂先生曾经发表一种“首笔检字法”。那时候林先生在清华大学担任教科。民国十三年秋间，高先生因事到北平，辗转托人介绍与林先生详谈，力劝林先生继续研究。后来回到上海和我商量，我也赞成此举。因此便由商务编译所与林先生订一合作研究的契约。于一年期内，由商务按月资助林先生若干元，由林先生酌减教书的钟点，从事新检字法的研究。后来我对于检字法的研究也发生了兴趣，有一天对高先生说起这事，他虽然极力赞助他人从事这项研究，但因我日间职务很忙，不愿我过于劳苦，便把“成功不必在我”一语来相劝。但是我的兴趣已是一发而不可收，便瞒着高先生，私底下每晚在家里研究。过了约莫半年，我偶然发明“号码检字法”，欢喜到了不得。次日对高先生和盘托出，他也欢喜万状。其后，我因为这“号码检字法”虽然易学，但对于笔画较多的字还觉不易检查，于是决计放弃此法，另行研究。又费了一年工夫，才发明“四角号码检字法”。在这时期和以后继续研究修订“四角检字法”的一二年内，高先生无时不赞助我，并且给我许多有益的意见。及至“四角检字法”研究告一段落，高先生又认为一种新方法的成败固由于本体的效用，但是宣传工作也有重大关系。于是他便把宣传“四角检字法”引为己任。近年我因为职务特忙，简直没工夫顾到检字法。高先生却继续不断把这检字法热心推行。他常常埋怨我近年对“四角检字法”太不热心，笑对我说：“姓王的所养的儿子‘四角检字法’，已经过继给姓高的了。”就此一点，可见高先生对于研究事业的热心赞助。除了检字法以外，高先生自己研究而有成绩者，有一种《十三月新历法》，已经著有专书，由商务印书馆出版。高先生因幼时读沈括的《梦溪笔谈》，大为感动。沈氏倡议更改历法，分每年为十二月，每月以三十一日与三十日相间，不置闰月，每年每月的日期自较整齐。高先生以沈氏此法较现在阴阳历为胜。后来又以世界各国既已注重星期，则沈氏之法尚有修改余地。修改的要点，在如何联合年、月、星期三者，使其成为一种调和的历法。经过许久的思考，高先生遂于民国前十一年创议分每年为十三月，每月为二十八日。此方案先后由《新民丛报》及《东方杂志》发表，引起许多人的注意。及民国十六年全国教育会议开会，高先生将此案提出，即经大会通过，交中央研究院研究后，再呈国民政府训令出席国际联盟会代表，提供国际改历会议之研究。至于高先生热心赞助而常常与人商榷者，尚有简字方案、度量衡方案等，或见于杂志，或仅存函稿，尚未发表。有一次，他为着推行新度量衡使深入民间起见，提议将铜辅币的直径有所变更，使等于新制的若干公分，俾一般人把铜辅币权充新制尺度之用。又有几次，他把改革电报便利发电人的意见，贡献给交通部电政司长某君，结果竟被采行。高先生只期便利于社会，对于自己的工作多未宣传。但对于别人研究的结果，却力任宣传之责。其大公无私的精神，真足敬佩。

第八，高先生是一个义勇的胆怯者。高先生常说自己胆小。的确，他的胆子并不大，而且思虑周密的人，世事看得太透，在这个遍地荆棘的世界，自然有格外慎重之必要。但高先生虽然胆小，遇着必要的时候，尤其是遇着朋友急难的时候，他简直不怕身入虎穴。十年前我曾一度被难，身陷匪窟，那时候先父以病废，不能行动，儿辈尚幼，家母内人束手无策，而平素以胆怯自居的高先生独负全责，为我营救。其冒险的情形，非片言所能尽；其义勇的精神，尤非胆怯者所能有。

总之，高先生对家庭、对朋友、对事业、对学术，从现代的意义评量起来，任一方面都算得是理想的人物。胡适之先生称他为“现代圣人之一”，绝对不是过分。我小时失学，没有良师督教；我的几个哥哥又早年见背；我的父亲对我的管教向极放任。我就在这样情形之下，自己造成一个世界。因此个性过强，落落寡合。自从获交于“现代圣人之一”的高先生，有形无形都受了他的很大影响。假使近年我能够在任何方面有些贡献，高先生至少应居过半之功。高先生待我不仅是最知己的朋友，简直要超过同怀的兄弟。所以我正可模仿君珊小姐的话而说：“别人家只不过死了一个好朋友，我却不但死了好朋友，而且死了最可爱的长兄。”

高先生的嘉言懿行还多得很，有工夫我再详详细细追记下来。

二十五年，九月，八日

（原载《东方杂志》1936 年第 18 期，

本文由台湾商务印书馆股份有限公司授权使用）

高梦旦先生小传

胡适

民国十年的春末夏初，高梦旦先生从上海到北京来看我。他说他现在决定辞去商务印书馆编译所所长，他希望我肯去做他的继任者。他说：“北京大学固然重要，我们总希望你不会看不起商务印书馆的事业。我们的意思确是十分诚恳的。”

那时我还不满三十岁，高先生已是五十多岁的人了。他的谈话很诚恳，我很受感动。我对他说：“我绝不会看不起商务印书馆的工作。一个支配几千万儿童的知识思想的机关，当然比北京大学重要多了。我所虑的只是怕我自己干不了这件事。”当时我答应他夏天到上海商务印书馆去住一两个月，看看里面的工作，并且看看我自己配不配接受高先生的付托。

那年暑假期中，我在上海住了四十五天，天天到商务印书馆编译所去，高先生他每天把编译所各部分的工作指示给我看，把所中的同事介绍和我谈话。每天他家中送饭来，我若没有外面的约会，总是和他同吃午饭。

我知道他和馆中的老辈张菊生先生、鲍咸昌先生、李拔可先生对我的意思都很诚恳，但是我研究的结果，我始终承认我的性情和训练都不配做这件事。我很诚恳地辞谢了高先生。他问我意中有谁可任这事，我推荐王云五先生，并且介绍他和馆中各位老辈相见。我们会见了两次之后，我就回北京去了。

我走后，高先生就请王云五先生每天到编译所去，把所中的工作指示给他看，和他从前指示给我看一样。一个月之后，高先生就辞去了编译所所长，请王先生继他的任,他自己退居出版部部长,尽心尽力地襄助王先生做改革的事业。

民国十九年，王云五先生做了商务印书馆的总经理。民国二十一年一月，商务印书馆的闸北各厂都被日本军队烧毁了。兵祸稍定，王先生决心要做恢复的工作。高先生和张菊生先生本来都已退休了，当那危急的时期，他们每天都到馆中来襄助王先生办事。两年之中，王先生苦心硬干，就做到了恢复商务印书馆的奇迹。

我特别记载这个故事，因为我觉得这是一件美谈。王云五先生是我的教师，又是我的朋友，我推荐他自代，这并不奇怪。最难能的是高梦旦先生和馆中几位老辈，他们看中了一个少年书生，就要把他们毕生经营的事业托付给他；后来又听信这个少年人的几句话，就把这件重要的事业托付给了一个他们平素不相识的人。这是老成人为一件大事业求托付的人的苦心，是大政治家谋国的风度。这是值得大书深刻，留给世人思念的。

……

高梦旦先生，福建长乐县人，原名凤谦，晚年只用他的表字“梦旦”为名。“梦旦”是在梦梦长夜里想望晨光的到来，最足以表现他一生追求光明的理想。他早年自号“崇有”，取晋人裴頠“崇有论”之旨，也最可以表现他一生崇尚实事、痛恨清谈的精神。

因为他期望光明，所以他最能欣赏也最能了解这个新鲜的世界。因为他崇尚实事，所以他不梦想那光明可以立刻来临，他知道进步是一点一滴地积聚成的，光明是一线一线地慢慢来的。最要紧的条件只是人人尽他的一点一滴的责任，贡献他一分一秒的光明。高梦旦先生晚年发表了几件改革的建议，标题引一个朋友的一句话：“都是小问题，并且不难办到。”这句引语最能写出他的志趣。他一生做的事，三十年编纂小学教科书，三十年提倡他的十三个月的历法，三十年提倡简笔字，提倡电报的改革，提倡度量衡的改革，都是他认为不难做到的小问题。他之所以赏识我，也是因为我一生只提出一两个小问题，锲而不舍地做去，不敢好高骛远，不敢轻谈根本改革，够得上做他的一个小同志。

先生的做人，最慈祥、最热心，他那古板的外貌里藏着一颗最仁爱暖热的心。在他的大家庭里，他的儿子、女儿都说："吾父不仅是一个好父亲，实兼一个友谊至笃的朋友。"他的侄儿、侄女们都说："十一叔是圣人。"这个圣人不是圣庙里陪吃冷猪肉的圣人，而是一个处处能体谅人，能了解人，能帮助人，能热烈的、爱人的、新时代的圣人。他爱朋友、爱社会、爱国家、爱世界。他爱真理、崇拜自由、信仰科学。因为他信仰科学，所以他痛恨玄谈、痛恨迷信、痛恨中医。因为他爱国家社会，所以他爱护人才真如同性命一样。他爱敬张菊生先生，就如同他爱敬他的两个哥哥一样。他们爱惜我们一班年轻的朋友，就如同他爱护他自己的儿女一样。

他的最可爱之处，是因为他最能忘了自己。他没有利心，没有名心，没有胜心。人都说他冲澹，其实他是浓挚热烈。在他那浓挚热烈的心里，他期望一切有力量而又肯努力的人都能成功胜利，别人的成功胜利都使他欢喜安慰，如同他自己的成功胜利一样。因为浓挚热烈，所以冲澹得好像没有自己了。

高先生生于公历一八七〇年一月二十八日，死于一九三六年七月二十三日，葬在上海虹桥公墓。葬后第四个月，他的朋友胡适在太平洋船上写这篇小传。

一九三六，十一，二十六

（原载《文摘》1937年第2期）

高梦旦先生墓志铭

胡适

高梦旦先生，福建长乐县人，原名凤谦，晚年只用他的表字“梦旦”为名。“梦旦”是在梦梦长夜里想望晨光的到来，最足以表现他一生追求的光明理想。

他一生做的事，三十年编纂小学教科书，三十年提倡十三个月的历法，三十年提倡简笔字、电报的改革、度量衡的改革。

他的做人，最慈祥、最热心，他那古板的外貌里藏着一颗最仁爱暖热的心。他的儿女都说：“吾父不仅是一个好父亲，实兼一个友谊至笃的朋友。”

高先生生于公历一八七〇年一月二十八日，死于一九三六年七月二十三日，葬在上海虹桥公墓。

（原载《东方杂志》1937 年第 1 期）

高公梦旦传

蒋维乔

公讳凤谦，号梦旦，晚年以字行，福建长乐县人。先世为大族，富甲一县，号称“高百万”，及公之世已中衰。公胞兄二人，长啸桐，桐城派古文名家，中式壬午科举人。次子益，法国巴黎大学毕业，精法文。以同堂兄弟十三人排行，啸桐称四哥，子益称六哥，公行次十一，称为“高十一”。公幼而颖悟，太夫人程氏，口授四书五经，未出外就傅。稍长，伯兄啸桐，教之作文；十六岁丧父，公事伯兄犹父师也。公淡于荣利，偶应童子试，得补博士弟子员，即不复进取，以教读自给。癸巳丧母，公年二十有五。其后啸桐官至太守，子益蜚声外交界，出为公使，入为次长，皆贵显。公欲入仕，乃至易易，然视富贵如浮云，绝不措意。生平好为实用之学，所为文，亦自创写实体，偶登诸杂志报章，署名“崇有”，盖取晋裴頠之“崇有论”，以矫正时俗浮虚为己任也。梁启超创办《时务报》于上海，公投稿，论废除拜跪事，梁读之，大为叹服。书札往返，未获见面。会公因事至沪，乃与梁会于逆旅。然一操闽语，一操粤语，扞格不通，乃笔谈终日，自此遂为莫逆交。后梁氏获罪清廷，遁至日本，其党多被株连。亲友皆为公危，日日造其庐，问起居。然公实非党，当问心无愧，怡然自若也。乙未，林迪臣（启）宰杭州，举行新政，创办西湖蚕学馆，为中国实业教育先河。兴学育才，治绩卓著，没葬孤山，至今地方人士，犹有林社以纪念之。而为林氏擘画者，公与其伯兄之力为多。辛丑，求是书院改为浙江大学堂，劳玉初（乃宣）任监督，聘公为教习。翌年，大学堂选派学生十人赴日本，公乃任留学监督，率学生东渡。在日年余，考察日本所以兴盛之由，端在教育，而教育根本在小学，因发编辑小学教科书之志愿，解职而归。

癸卯之春，商务印书馆依蔡君孑民（元培）之计划，编辑小学教科书。蔡兼爱国学社经理，即聘社中教员，分任编辑。嘱余担任国文课本。及"《苏报》案"起，蔡赴青岛，张君菊生（元济）自任所长。邀余入所，专任编辑之事。并托余介绍庄百俞（俞）、徐果人（寯）诸君，分任地理、算学等科。其年之冬，公适回国，与张君遇，谈及小学教科书之重要，张君即聘公入商务。是时编译所中方有分部办事之组织，以公任国文部长。余之识公自此始。公对于小学国文教科书，先定全部计划，然后着手编辑。采用合议制，列席者除君与余外，尚有张菊生、庄百俞等。由任何人提出一原则，共认为有讨论价值者，彼此辩论，不厌其详，有时为一原则，讨论至半日或终日方决定者。第一册稿成，公每夕袖之以去，遇其知友，则就正之，请其批判。自来文人结习，自己撰文，不愿他人增损一字。公力矫之，以为一人识力有限，必须互相批改，以求至当，国文部中遂成为风气，彼此水乳，毫无成见。一日，余编某课，用一"釜"字，公援笔改为"鼎"字。余曰："'鼎'字太古，不普通，不可用。"公曰："'鼎'乃日常所用之字，何谓不普通？"余曰："'鼎'如何是日常所用之字？"公曰："'鼎'如何不是日常所用之字？"于是二人大争，至于声色俱厉，及后细细分辨，方知闽语呼"釜"为"鼎"而不呼"釜"也，相与拊掌大笑。此书第一册出版后，不及两周，即纸贵洛阳，不胫而走。历时两年，全稿完成。于是此《最新初等小学国文教科书》，在教育界占势力者十余年。修身、历史、地理、唱歌、字帖等教科书，同时并出。公夙夜勤劳，计划周密，依据颁定学制，延揽人才，分任编辑。由小学扩充至中学师范，出版日多。全国学校，多数采用。是为公于商务印书馆第一步之成功。

当时全国人士，怀抱革新思想，咸感法律知识之需要。而本国旧法律，又不适用。留日归国之学生，偶译法政书籍，东鳞西爪，供不应求。公审此时机，创议翻译《日本法规大全》，聘译员十余人，以刘子楷主其事。三载成书，发售预约。国中自官署以至公共机关，几于每处订购一部，销数之多，亚于教科书。在今日视之，此书已同土苴，而当时乃不啻馈贫之粮也。是为公于商务印书馆第二步之成功。

学校既兴，国人渐知科学，而研究学术，必有赖于工具之书。旧时之字典，全不合用。公于是创议编《新字典》《辞源》，于所中另设辞典部，延陆君伟士（尔奎）主之。而公无日不参与其间，恒与陆龈龈争辩，一如编辑国文时之态度。《新字典》先出，《辞源》稿经屡易，劳费八年，方始成书。出版后亦如教科书之广销，至今犹为学界尊重。是为公于商务印书馆第三步之成功。

以上三端，只就荦荦大者约举之。张君菊生，倚公如左右手，事无大小，悉以咨之。公献可替否，知无不言，言无不尽。公既委身于商务，若将终身，仅于己酉之春，由夏君剑丞（敬观）之推荐，兼任复旦学堂监督，逾年即辞。自此益以公司为己任，名虽为国文部长，而于公司全部规划，罔不参与。公司规模，由小而大，各项规则，逐渐订立，殆皆出于公手。又出版事业，手续至繁，一册之书，编辑、排印、校对、用纸、装订、印数等等，必须详密计算。公有一特性，于自己手中用财，漫不加察，而独于为公家作统计计算表等，则精核迅速。每成一稿，恒见其持片纸，逐项加以估计，未久即成一表，已知此书成本应若干，定价应若干，虽老于印刷者不及也。公尝语余：“昔人谓俗士不可医，吾则谓雅人最无用。雅人吟风弄月，对于日用之权度数目，有时且不能辨，试问此等人，于世何益？今日之士宜俗，俗则庶可深入社会，切合实用。”此诚砭世之良言，而公则能实行之也。

厥后商务印书馆日益扩充，张君菊生主持总公司，公乃实任编译所所长。所中极盛时，员工多至数百人。对于公之举措，从无退有后言者。时仲兄子益奉命为意大利公使，命公随行。张君以公司事为重，不听公行，公不置可否。张即请于子益。子益曰：“吾兄弟别离时多，相见时少，失此机会，不知何日聚首也。”张不忍违其意，公乃得壮游。纵览欧洲风景，周历数国，独爱瑞士山水，归国后时时称道之。迨民国八年，五四运动，新思想之狂潮，普被全国。公自审不识旁行文，不适于编译所所长。尝谓余曰："公司犹国家也。谋国者不可尸位，当为国求贤，旧令尹之政，以告新令尹，俾国家生命，得以长久。吾辈皆老矣。若不为公司求继起之人，如公司何？况自审不适于新潮流哉。"于是亲赴北平，谒胡君适之。请曰："君若承认商务印书馆为我国最大文化机关，君应屈为编译所所长。"适之鉴其诚，允于暑假中先来试办。既而适之南下。入所月余。依科学重为分部，增加人员，各司其事。办理数月，自觉才性不宜，力荐其师王君云五以自代。王至，而公退居出版部长。竭其智能经验，以赞助之。初用王时，公司旧人皆惊疑，嗣王任总经理，倡为科学管理，职工亦多不满，迨"一·二八"以后，公司总厂及东方图书馆悉遭炸毁。王不辞劳怨，不惜生命，卒成复兴之功，然后公司内外，皆信公之知人善任，有非寻常者可及也。戊辰，公年六十，向公司告老。董事会一致挽留。公坚不肯，乃自动不到馆。己巳，董事会始勉从其请。自此任董事如故，尽力于公司亦如故。及公司被炸毁时，公以退职之身，披发缨冠，仓皇赴救，忠心耿耿，几忘寝食。云五之得成复兴事业，公亦与有力也，语云"功成而不居"，公庶几焉。

公不但办事方面成功不居，即其著述亦然。凡有所作，不为自己得名，必以便利人群为目的。尝病我国文字太繁，不便认识，早年与劳乃宣研究汉字改革方法，往复讨论，积书盈寸。及劳氏之简字成功，公勿与也。又因《康熙字典》检查困难，苦思力索，创为"百部部首法"，研究十余年，屡易其稿，终不惬意。会王君云五，亦抱斯志，乃悉以其稿畀之。王因别创制"四角号码检字法"，在属草时与公面商或电商几无虚日。王氏之书，今已通行全国，而公勿与也。此外如度量衡制度之改革，电码省便之方案，恒自出新意，供献于当道，见诸实行。至今受其利者，不知凡几，而公口既不言，文亦多不留稿。所刊行者，仅有《十三月新历法》《泰西格言集》两小册耳。其不肯居名类如此。

公好山水，既东至日本，西至欧洲，国内名胜，亦多有其足迹。但能行平路，不能陟险。二十五年之夏，与张菊生、李拔可二君入川。临行，曾谓余曰：“我体力不支，但至重庆，一览三峡风景，即乘原船返沪。”既而因拔可赴成都，公豪兴勃发，三人乃同乘飞机而往。遂登峨眉。及山半，觉精神不振，折回重庆。乘船东归，过宜昌而病。六月二十八日抵沪，翌日即入宝隆医院，医谓肺炎。余但闻公之归，初不知其病。以电话约谈，始知公已入医院。急趋视之，而医生禁止见客。公神志昏迷，时作谵语，即见客亦不能认识。但向君珊问病状而归。及七月十五日，余将赴北戴河海滨，再往视之，则已能据椅而坐。见余至，面现喜色，曰：“吾病已愈，君可勿虑。”余告以今晚将北上，拟至北戴河，故来话别。公曰：“北戴河甚好，此地即北戴河，岂非极好之旅馆耶。”余知其神志尚未全清，则曰：“公宜休养，勿多言，我去矣。”及至北平，尝以其病有转机，告孙伯恒、林宰平诸老友，不料至海滨之次日，即于《大公报》骤见公之讣告，而临行乃为最后之一面也。呜呼伤哉！返沪后，乃知公非死于病，而死于服过量之安眠剂，则为之骇诧。公常痛斥中医，笃信西医，乃卒死于西医之手耶。公中年体肥胖，随地随时，欲睡即睡，曾乘人力车，一手持伞蔽日，悠然睡去，而所持之伞，依然不动，孰料晚年因病而瘠，竟以失眠症而致命耶。公生前主薄葬节丧，死于某地，即葬某地。殁后，不发丧，不受赙，三日大殓，即葬于虹桥路万国公墓，盖子女贤孝，能行公之遗志也。

公性情和易宽厚，语带诙谐，然能断大事，虑无不中，故公司中凡有大问题，皆取决于公。余性躁而憨直，与人处，偶不合，必面折之，使人难堪。公与余相处久，则时时规诫之。其言切至，发人深省。自此余渐知处世之道，以兄事公，公亦视之如弟，呵斥笑谑，无不有也。公嗜淡巴菰，初至编译所时，左手执旧式旱烟杆，右手执笔，且吸且写，笔有时停，而烟杆则不释。尔后易以雪茄或纸烟，前支既烬，即以后支续烬上吸之，不用火柴。几于终日不离口，当其振笔疾书必且狂吸，烟云起于口鼻间，笼罩顶上，如坐雾中。

自言不借烟力，即构思不能深入。又多唾涕，胸怀小方纸，时时取出拭之，坐之四周，皆拭余之纸也。余恒与公横肱并席，公坐右，余坐左。余素不吸烟，嗅其气辄咳。又好卫生，憎厌唾涕，乃戏与之约，喷烟请向右方，唾涕必入痰盂，苟不然者，将记过以示罚。公笑曰："如约。"然开始数日，犯过恒至数十次。余于工作毕，即揭示之。公曰："请俟半月，过必减少。"其后果然。晚年突然戒烟，绝不沾唇，曰："遵医生之嘱也。"其为文，初稿不肯示人，必令写生誊正之，方与人传观。余问其故，则言："幼受母教，但令诵读，不责以习字，楷法拙劣，恐贻笑大方耳。"兄弟间友于之笃，出于天性。余深羡之，尝谓："我亦有兄弟，然不如公之乐。"公曰："兄弟必志趣相同，兼有朋友资格，方能永好。"戊申，伯兄啸桐卒于沪，公号啕大恸，伏地不能起。己未，仲兄子益殁于北平，公恸哭亦如之，其至性然也。然公不但兄弟间如朋友，其待子女，亦如朋友，笑言嘻嘻，绝不督责，而自然感化。公之子女，多半肄业爱国女学校，及尚公小学，为我之弟子。君珊从余游最久，离爱国女校，入圣玛利亚女学，毕业后蛰居家中。余在北平，为介绍于北京女子师范为教员，函招之来，而君珊以学力不胜为辞。余驰书于公，严词督责，公答书则云："此汝师生二人之争执，我守中立可也。"厥后函招公北上偕游妙峰山、滴水岩。为君珊所闻，亟函阻其父，谓蒋师喜跑路，父若随之，必受困，切勿来。公以君珊原函寄来，不加一字，余答之云："公必来，公不能陪我跑山，我却能陪公坐轿。"公即欣然而至。同游数日，乐甚曰："君不但能陪我坐轿，且能于险处，扶我陟降，如此游伴，以后乃不可少也。"其举动之诙谐和易，有如此者。余素寡交游，近年居沪，即知友亦恒多终年不见面。惟于公处，月必一至或三四至，自忖恐久不闻公言，将多妄发也。嗟乎！公既殁，当世无有能规我者矣。

公生于清同治八年己巳十二月二十七日（一八七〇，一月二十八日），殁于民国二十五年（一九三六）七月二十三日。享寿六十有八。娶夫人邱氏。生丈夫子三人——谨轩、仲洽、叔哿，女子子四人——君珊、君远、君韦、君箴。君韦早逝，君远适洪观涛，君箴适郑振铎。

（原载《复兴月刊》1936 年第 1 期）

读蒋维乔先生《高公梦旦传》后

圣祥

最近逝世的之前商务印书馆编译所所长高梦旦先生，在职业界中，大家都知他是一位很成功的人物。顷读蒋维乔先生为高先生所作的传记，颇觉高先生在职业上之所以获得相当的成功，与他自己的个性和服务精神，实在是有着很密切的关系的。《高传》中说：

> "翌年（浙江）大学堂选派学生十人赴日本，公乃任留学监督，率学生东渡。在日年余，考察日本所以兴盛之由，端在教育，而教育根本在小学，因发编辑小学教科书之志愿，解职而归。"

他由环境考察中，确定自己的志愿。这个志愿，只计算对于国家需要的程度怎样，个人的私利和地位简直绝未顾及。所以一经决定，就放弃留学监督职位，退而经营编辑小学教科书的业务，而且从此终身以之，永远不曾转过别的念头。此种远瞻国家需要，然后决定个人志愿，并能坚持勿懈的精神，实在是高先生在职业上所以成功的第一个要素，也是一切成功的人必由的途径。《传》又说：

> "第一册稿成，公每夕袖之以去，遇其知友，则就正之，请其批评。自来文人结习，自己撰文，不愿他人增损一字。公力矫之，以为一人识力有限，必须互相批改，以求至当。"

《易经》上说：“满招损，谦受益。”谦是增进智能，改善业务的不二法门，是很明显的。我们国人却往往自命不凡，师心自用，他人虽有善意的批评或忠告，也认为是耻辱的事，非特不肯采纳，或竟恼羞成怒，引起纠纷。而文人方面，尤其来得显著，所谓文人相轻，自古已然，确是一种事实。而高先生独能矫正其非，谦谦不自满足，无怪他所专编的教科书都能“洛阳纸贵，不胫而走”，卒于出版界中获得美满之成功了。《传》又说：

“公有一特性，于自己手中用财，漫不加察。而独于公家作统计计算表等，则精核迅速。每成一稿，恒见其持片纸，逐项加以估计，未久即成一表，已知此书成本应若干，定价应若干，虽老于印刷者不及也。”

现在我国一般国民，老实说，视私事重于公事的简直要占一大部分，求其公事与私事一样看待，已属难能可贵，而高先生却能忽于谋己，慎于谋公，此种精神何等可贵？高先生自己又有一句话道：

“昔人谓俗士不可医，吾则谓雅人最无用。雅人吟风弄月，对于日用之权度数目，有时且不能辨，试问此等人于世何益？今日之士宜俗，俗则庶可深入社会，切合实用。”

这又可见高先生处处欢喜讲实际效力，所以他的精神能集中，力量也能不虚费了。

高先生还有一点人家不容易及到的地方，即退位让贤。传记中说：

“迨民国八年，五四运动，新思想狂潮，普被全国。公自审不识旁行文，不适于编译所所长。尝谓余曰：‘公司犹国家也，谋国者不可尸位，当为国求贤，旧令尹之政，以告新令尹，俾国家生命，得以长久。吾辈皆老矣，若不为公司求继起之人，如公司何？况自审不适于新潮流哉！’于是亲赴北平，谒胡君适之……适之鉴其诚，允于暑假中先来试办。既而适之……自觉才性不宜，力荐其师王君云五以自代。王至，而公退居出版部长，竭其智能经验，以赞助之。”

这不但是荐贤自代，简直更进一步求贤自代了。观其继任有人，便自己退居下位，乐而不疲，这一种公忠体国之热忱，尤足使一般把持权位、误国误家者愧悔无地。

（原载1936年10月6日《京沪沪杭甬铁路日刊》）

悼梦旦高公

庄俞

梦旦姓高氏，福建长乐人，原名凤谦，公尝言：“吾长兄啸桐名凤岐，次兄子益名而谦，吾于两兄之名各取一字而为己名。凡人只需一名可耳，既有名，又有字，且不止一名一字，人与己两不便。籍贯亦然，既署省，又署县，不若并废之。”后果以字行，名刺只有“高梦旦”三字矣。初居乡，即不乐为八股帖括，好为写实文字，研求实用之学，兼事农种桑，经验颇富。目击晚清政治学术之器窳腐，外交之失败，昕夕不自安，适梁启超辈创办强学会《时务报》，大表同情，投袂以起，为文投之，与彼往来为友。戊戌政变，国民心理亦变。林迪臣知杭州，新政迭举，实公与其长兄之主谋为多。公旋任浙江大学堂教习，率学生东渡留学，乘便游览三岛，考察政治教育，甚慕之，革新之思想于是益进。张菊生先生知其人，方应夏公粹芳约创办商务印书馆编译所，需才孔亟，乃引公为助，编译所初定组织，分部办事，菊生先生为所长，公为国文部长，我于是时始识公。清光绪三十年之春也，其时编译所同人尚寥寥，最新初小教科书创始编辑，公与蒋竹庄先生及我等担任国文部编辑，以国文名，他如修身、历史、地理、唱歌、字帖等均属之。教科书外，凡学生用之自习书，教员用之教学法参考书，以及无可隶属之书皆属之，筚路蓝缕，颇尽创造之艰苦。公则述作校改，搜罗材料，朝思暮想，不厌其详。合坐一室中，每成一课，轮流阅读，或加润色，或竟改作，相互为之，毫无成见。公治事时，右手执笔，左手执烟，思考愈切，吸烟愈频，眼鼻间缭绕如浮云，悠然自得，烟将尽，另以一支接之，不再借火柴为爇，持续不已，非有事离案不稍停，见者骇其量之宏，晚年有一日，突然不见其吸烟，方知遵医嘱戒吸。从此不再入口，前后迥若两人，吸则大吸特吸，不吸则绝不一吸，行谊之强毅，即此小事，可以证之。当其撰改文字之际，不许人窃观，否则不怿，尝言吾不愿人阅吾未成之稿，既成，自将示人。公既创编小学用最新教科书，依据学制分科延才一一试编，编辑员由此大增。后由初小高小以至中学师范，络绎出版，不胫而走。复创编字典辞典，引陆公伟士（尔奎武进人）主其事，公与其共同研讨，每闻两人操不纯粹之普通话，龈龈雄辩，声达户外，即知有问题正相持也。编辑种类渐多，出版种类亦渐多，但书之为物，虽薄薄一小册子，其自撰稿、制版，以至印刷、装订，经过手续至繁，加以格式之规定，校对之周密，用纸之慎选，印法之分别，成本之计算，定价之斟酌，印数之拟定，凡此属于出版方面之事，皆公所兼。

惟以公精计学，措置自适当，编译所日就扩充，最盛时分至二十余部，而菊生先生时已主持总公司，不能专主编译所事，惟公独任之，公遂为编译所所长，亦以余力参与总公司事。盖菊生先生与公情投意合，如左右手，事无巨细，必咨于公，语于公，谋于公，重大问题，公未与议者，虽决不行。如遇数人意见不一致，得公片言立可决。公之于事，欲言则言，无可言则不言，言必尽其意，自初入公司于编译所如是，其后于总公司亦如是，故其在公司名位虽有变更，不啻三十余年之总参谋也。公谓任事宜专，故在上海久，知交不胜屈数，未尝兼任其他机关之职。曾一度为复旦学堂监督，不久即坚决辞去。次兄子益公奉使意大利，命公从行，借瞻欧西风景。公性好游，欣然就道，既归，益明了西方强国之因，与东方不同，宜借其长以自镜。五四运动，与蔡元培、胡适辈多所联络，因认胡为不可多得之才。尝闻其言曰："时局日益革新，编译工作宜适应潮流，站在前线，吾将不适于编译所所长，当为公司觅一适于此职之人以自代，适之其庶几乎？"既而胡果适然至，居无何，胡又适然去，盖胡不愿为此，而介绍王云五先生。王至，公退居出版部部长。

对于王，尽其知以告之，竭其能以助之，编译所事业果大革新，公以为可告无罪于公司矣，遂束身以退，任何人劝留，不应。我尝谓公：“公司不宜少此重要之人，公非富有，能优游林下耶？”公瞿然曰：“用人宜新陈代谢，任何人无不可去之理，个人但无馁冻可矣，况馆外之身，不可为馆内助耶？”为之愧服不置。菊生先生留之既无效，乃于十七年五月提出，第三百三十三次董事会议经一致挽留，公遽自动不到馆；十八年一月第三百三十九次董事会，公复要求核准，始勉从其意。自此仅任董事如故，时往来于二三主持人之间，尽其欲言则言之责如故。“一·二八”国难突起，公司摧毁于俄顷，公忧心如捣，谓将不可收拾。迨云五先生以复业为己任，公与菊生先生排日来公司襄助，以至于成，以退职之人而披发撄冠、急公好义如此者，未见第三人也。公所作长短论文，载于各日报、各杂志者不可谓少，如《时务报》《时事新报》《东方杂志》《教育杂志》等均有之，但不署真名，仅署“崇有”二字，或一“崇”字，或一“有”字，大抵不知为公之手笔。公则随手弃去，不肯留稿。自谓书法太劣，稿成，必令写生誊正，然后示人。因感我国文字太繁复，不易普及，编辑初小国文教科书时，即搜集简笔字、手头字、破体字、俗体字，就形式顺序意义，比较其优劣繁简异同，而定其需要之等级。早年与劳乃宣、王照辈研究汉字改革，具有特识，劳氏与其往复研究之书尚存之；后黎锦熙、钱玄同辈实行注音字母，王云五氏创制“四角号码检字法”，公乐为赞成，且为之鼓吹，“四角号码检字法”今日已行诸全国，公实与有力焉。生平不事著作，已正式刊行者，有《十三月新历法》，他如度量衡制度之改革、电码省便之改革，虽作短文发表，未见专书，而阴使权力相当之机关，见诸实行，受其利者不知凡几。公素持“成功不必自我，成名不必在我”之旨。古之人，不可及也。性好山水，无山水可消遣，则彳亍园林，数月不出游，皇皇如也。顾游不能履险，不能登高，坦途徒步则又健捷，数十里不告疲。我尝偕游西湖及天目山，行则策杖，止则随处可睡，入晚，头甫着枕，鼾声已起。居沪，至爱兆丰公园，尝言颇思迁居园左，日可三四至，以无相当寓庐而止，凡出游，不作诗词，不作游记，间或述行程经过，便利后之游者。最近偕张菊生、李拔可两先生入川，行时谓我曰：“我至渝原船即还，目的在浏览川江风景。”既而因拔可先生赴蓉，公豪兴又动，偕乘飞机往，遂上峨眉，及山半，因天暑折回渝，乘轮东归。过宜昌即病，六月廿八日抵沪，翌日即入宝隆医院，医谓肺炎，亦既愈矣，失眠症大发。七月四日我往视，似睡非睡，目均闭，口大开，气甚促，面色灰白，窃虑不佳；及十三日再往，适仰卧，尚言经过，终算良好，我方以大转机为幸，不意此为与我之最后一言也。呜呼！涵芬楼老友，可与话心曲者，能有几人？公又往矣，将安仰焉！我近年患血压高病，医嘱休养，我以终日无事，不足养病，实足致病，公谓盍不半日工作，半日休息，从之而大效。讵料有病之我，尚偷息人间，无病之公，竟溘然长逝耶？公春秋六十有八，于我十年以长，某日席间公拈髭视我而笑曰：“吾两人异年同寿，遇诞辰不必以物相贻，彼此相销。岂不省便？”我亦笑曰：“谨如命。”吾两人寓居如咫尺近，虽一生一死，午夜梦魂仍可相寻也。公之长兄啸桐公殁于沪，我与其丧，见公哭之恸，匍匐不能起，苦劝不能止，友于之笃，出于至性。晚年女公子君韦殁于北平协和医院，重伤其心。待友朋亦具诚意，无间新旧，无问老幼，皆能与之周旋。数十年间，罕闻公司有怨恨之者，其处世不爱名，不爱利，非人所能及。平时不拘小节，不念旧恶，尤能济人缓急，知友为难，辄竭智尽力以助之。但厌世俗浮华，人心虚伪，志在改革，而己为之倡，固一革新家，亦一实行家也。世固不少知公者，能文之士，宜为之传，公子辈宜有行述，以告世人。我不文，只以《同舟》主者索稿急，拉杂书此，未尽什一也。

廿五年七月廿六公大殓之日写

（原载《同舟》1936年第11期）

悼高公梦旦

江伯训

民国二十五年七月二十六日，梦旦之丧既毕，归检旧笥，得其遗书若干通，并所著《校印四库全书及其他旧书计划》，又《废两为元后处理辅币的小问题》《规定新货币之重量直径推行度量衡案》，印刷物凡三种。既于朋友之义，拳拳不忘，使后死者枨触旧事，怆然不能自已。而于国家社会改新之大政，皆见其大，而举其精，综观近数年来政府次第改良庶政，若邮电，若度量衡，若法币，各有远大之经划，而吾梦旦以匹夫心力，间接贡献当局以促其动机者，盖有言之而行，言之而未必尽行者矣。夫言之而行，言者之责已毕；言之而未尽行，而又为言者所梦寐不忘，而不啻祷祀以求之者。如所谓“十三月新历法”，非集中外人士，具伟大之精神，谋精密之推算，固不易以空前之改革观，成于旦夕之间。嗟呼！功不必自己建，名不必自己立，盱衡当世之务，但求实益，足以及人良者事张皇事业之迹，梦旦之志，如是而已。梦旦少从伯兄啸桐先生学，不喜帖括，督学陈公莅闽，以新学提倡后进，梦旦亦尽其所长青一衿。其时仲兄子益先生自巴黎归，日与昆季纵谈西洋政学概要，极一时家庭之乐。余时亦间厕其旁，恧然如学校旁听老学生，梦旦则别有寄托，愤国政之陡夷，伤士习之锢蔽，时亦上下其议论。逾年劳君玉初主浙江，求是大学聘梦旦为国文主任，余亦滥膺一席，与梦旦旦夕聚首者阅数月。文字观摩，湖山凭眺，及今思之，恍如隔世。离浙之后，相与游粤游梧，复以暇日沿平汉路线，周游齐、鲁、汴、洛，以逮平、津，梦旦每言“尔我二人为苦旅行，既节省舟车之费，而筋力又甚耐苦”，此亦一时兴到之语。实则梦旦耐苦不及余，即其家人亦不欲梦旦之过于耐苦也。近年梦旦游嵩梁，游黄山，游峨眉，余未尝一役从，自念年事衰弱，近来游兴似远在梦旦下，讵料梦旦先余而逝也。梦旦服务于商务印书馆三十余年，数年前恝然以去，与余书且言董事一席，亦愿让人。迹其维持调护之苦心，殆即余前所云“功不必自己建，名不必自己立”为其生平之唯一宗旨也。今者三复遗墨，感不绝于余心，爰举亲炙所得，陈其崖略。至于病中治疗经过，具详君珊诸君告亲友文中，余不忍言。古云“为人子不可以不知医”，余念君珊等方抱终天之痛，无可解说，抑岂惟为人子者有然，即余侪朋友之交，亦孰不各致其感慨？然无及矣！

（原载《同舟》1936 年第 12 期）

赠高梦旦序

林纾

吴航高梦旦，朋试于有司而其艺不售，退居一楼，读书不辍。余一日造其兄啸桐，闻书声知为旦也。乃进旦而语之，其容媞媞然。噫！旦年少，何其所为类有道者耶？夫士之战艺于有司，屡战而辄北者，其艺果皆可信，又果皆有司之不明耶？耻其不得而忮人之得，遂发为牢骚侘傺，以自托于贾生刘蕡者，妄也。气泄则志惰，吾不敢必其有成也。今旦日所治者，惟经一卷，史传数则，古文一篇，应试文一篇，计日为程，归于有恒。余尝得读其所为文，宏肆可喜。然则旦之艺，宜若可信于有司，而有司仍黜之者，则所为牢骚侘傺，宜莫如旦矣。然旦不非同进，不罪有司。怡然理其旧业，竟日对之无倦容，而谓不贤者能之乎，射者之不得禽，而范其御，端其彀，艺熟则靡不中矣。旦苟因文而进于道焉，吾又能测其所至耶。余屡有幽忧之疾，几丧其守，兹心喜旦之所为，行将用旦以自治，故先见诸吾文。

按：此篇琴南遗稿未刊，今高梦旦亦谢世矣。

（原载《青鹤》1936 年第 23 期）

高梦旦先生访问记

赵君豪

严寒的冬天，午后不到五点钟，天已完全昏黑了。日里没有空，访问高梦旦先生，是约在五六点钟的时候去的。高先生住在沪西胶州路，马路很冷落，两旁的树影，和摇晃不定的路灯光，显出一个清冷幽寂的所在。下了车，便叩高先生之门。

高先生是一位旅行家，我是向来知道的，上次从听到蒋竹庄先生的言论，我更晓得高先生的为人。高先生非但欢喜游览山水，并且为人处世，极其风趣。

在会客室中等待片刻，高先生便出来相见。

蒋竹庄先生尝说高先生“无足游山”，这句话是形容高先生游山，非轿子不可，辜负了两足。我脑筋中幻想的高先生，是身躯高大而又极肥胖的人，然而现在所见到的，恰与我所想象者相反，高先生是一位清癯严整的高龄学者，并且好像很能健步的。

拱手寒暄以后，我们便靠火坐下。

我说：“上次和蒋先生一谈，知道先生极其欢喜旅行，所以请蒋先生介绍，想请先生谈一点游览山水的趣味。先生到过不少地方吗？”

“江浙几省，只有天台山不曾去过，其余天目、雁荡等处，我都到过。北边如西山、泰山，南边如香港、广州，也曾去游历。广西仅到了梧州，偏是山水甲于天下的桂林，倒没有去。这几年来，因为年纪老了，虽然也出去走动走动，但是没有往年的豪情了。”高先生说话，响亮而急促，神情之间，生气勃发，一定很亢爽而富于热情的。

“五岳都到过吗？”

“只游了两岳，就是华山和泰山。恒山、嵩山和衡山没有去。我很健忘，游历时欣赏山水之情，游历后又懒得动笔，所以未曾写游记，现在什么都不大记得了。”

我想了一想，高先生并不是不肯多说话，实在是一时无从说起，只得多问一点罢。我说：“先生到外国去的情形如何？”

“外国我倒去过几回。”

“是哪一年呢？”

“我到过日本，到过欧洲，年代记不清了。总而言之，我从欧洲回来以后，欧洲大战就开始了。那时，先兄子益先生在意大利当公使，我们是去游历的，意大利、法国、俄罗斯都去玩了一趟，回来是从西伯利亚坐火车归国的，来去共是四个月。”

“那时的欧洲，想来是极其有趣的。现在到欧洲，不过二十三天，先生去时，路上要不少天数吧？”我继续问。

“要三十几天，先到香港，后到新加坡等地，在法国马赛上岸，经过了法国、德国到罗马的。”

“先生为什么欢喜旅行呢？”这是我一个很平淡而可怪的问话。

“旅行是我最大的嗜好，所以很欢喜了。”高先生答复得很有风趣。

高先生继续笑道：“可惜我脚力差一点，险地不敢去，蒋竹庄先生胆子大，时常拉我走路，我们是几十年的老友了。”

听了高先生这一句话，蒋先生所说的“无足游山”，我方才相信，心中暗暗好笑。

“可惜中国交通不方便，有许多名胜都被埋没了。”

“交通现在还好，比较从前便当得多了。”

“先生，黄山到过吗？”

“去年去的，黄山很好，我看见过许多山水，以黄山为第一。”

“南方的山水，比较北方的山水如何，先生有什么见解？”

先生笑道：“没有什么见解，泰山的水与树木，也和南方的山差不多；然而北方的山好像比较伟大一点，但是南方的黄山也不能算小呀！我们在书本里所知道的泰山，是大得可以，但也不见得大呀！”

我问道：“先生对于中国避暑的地方，觉得如何？”

“避暑我也不时去的，庐山去过，青岛住过一二天，莫干山范围较狭，住过半个月，我觉得黄山希望很大。黄山现在的交通很方便，食宿有‘中国旅行社’，我们从上海去，要过一夜，至于回来的话，早上从山上动身，当夜就可以回到上海。”

我们谈到这里，我请高先生写几个字，高先生不肯，他笑着指壁上的对联，我抬头一看，壁上挂的是：

梦旦先生六十大寿

吃肉走路骂中医，年老心不老。

喝酒写字说官话，知难行亦难。

丁文江造　胡适代书

我看了这副对联，觉得作得好，写得好，但不知其所以然。

高先生于是乎告诉我骂中医的典故，是说丁在君先生家里请中医的一段笑话。中医的姓名，在这里不必写出。

高先生叫我看对联的最大目的，是证明他的字写得不好，并不是不肯写，我当然也不敢强人所难了。

字无法取到，我又要照片，高先生上楼取照片的时候，我起立徘徊，又看到胡适之先生一首小词，怪有趣的，连忙抄下来：

很小的问题，
可以立时办到。
圣人立言救世，
话不多不少。

一生梦想大光明，
六十不知老。
这样新鲜世界，
多活几年好。

小词一首敬贺
梦旦先生六十岁生日

梦旦先生在家庭朋友间有圣人的称号。我这首小词，只是从我眼里看出来的圣人哲学。将来续有见到之处，当补作圣人哲学续编，等梦旦先生七十大寿时写出来博他的一笑。

民国十八年 胡适

刚刚抄好，梦旦先生也下来了。我得到他的允许，把这首词登在这里。梦旦先生的为人，从丁在君、胡适之两先生的对联和小词中，是活活地描写出来，也无庸我多所介绍。

不过，我想梦旦先生所以如此亢爽，所以如此生气勃发，所以如此有风趣，当然得力于旅行不少。

当握别的时候，梦旦先生以为谈话好像无系统，再三表示歉意，还恐怕我不够写，然而先生所给我的一切，是足够写一篇访问记了。

归途虽然是一片清寒之气，但是梦旦先生所给我的印象，活泼而有生趣，宛如春光明媚之天。

记者按：梦旦先生于廿五年误于西医而故世了，现在重读这篇访问记，回忆当时晤谈的情景，心中真有无限的感伤！

（原载《旅行杂志》1936 年第 1 期）

|诗 词|

挽高丈梦旦

李拔可

岂意生还病转侵，悔教衰老试登临，魂随楚树兼天远，泪迸岷江入海深。

有女难酬能养志，不官无负济时心，平生自为真如缟，遗草犹须仔细寻。

白话一首哭梦旦

陈衍

成都飞机场，迎君大欢喜，归途闻遽病，沉重势乃尔。犇沪两视君，佥决君不死，乃服安眠药，长眠遂不起。长眠亦大佳，在君足叹嗟，衣食既有余，婚嫁毕已赊。天性唯好游，能备舟与车，惜君太省事，只爱湖一涯。一年常数至，又不住其家。君常游都门，逢我心如捣时余丧妻。同居出近郊，为遣恶怀抱。偶同游镜湖，流转山阴道，水宿无行厨，具餐亦草草。前岁下青柯，逢君华阴道，拍手一大噱，避面恨不早。性又喜文字，词源最得意，此外少著作，实事乃求是。万言育蚕说，为呈于南皮，万本商务报，不胫走四陲。论文有特识，殊为近所希，我作畏庐传，人疑多刺讥，君谓非圣人，有善必有疵，虽在描写处，逼肖有生姿。我送啸桐序，君疑有微词，我谓牛李党，古来本有之，丑正而恶直，招忌实在兹，君乃如冰释，文字多相推。君怜我耄老，仆仆犹道途，劝宜稍自贵，跟随须仆收。我谓少也贱，居养非所需，报以白话诗，请我为一书，以配寿君作，张壁足嬉娱。今年吾上峡，君亦思蜀游，只探三峡险，不上峨眉秋。同游为牵率，乘兴不自休，劳顿不能堪，心房散不收，即谓以乐死，谁敢遵曰不?

吊梦公

胡君复

大难本色是书生，此老从来不世情。死以青蝇为吊客，心如白水肯寒盟。何山合葬权奇骨，异代虚传落拓名。赖有南华工作记，犹留纸上笑谈声。

悼高梦旦

汪怡

长乐三高君最良，能开风气善文章，方闻远道游西蜀，忽痛遗棺卧北邙，济世早知心力瘁，忧时讵料肺肝伤。君游蜀归，患肺炎致不起。秋风太液仍如昨数年前君来平，同游北海，亦正秋令。池上招魂冷夕阳。

挽高梦旦丈

前人

少年歇浦共闻歌，独识桓伊意奈何。余年十六，负笈东游，过沪谒丈，丈素简出，独约余观剧，知余有曲癖也 。漆室烧灯心地热，书城隐儿鬓毛皤，三高麟凤嗟皆尽，四裔渊流导几多，帝座未通呼吸断，倒倾瞿峡泪滂沱。丈蜀游登峨眉未及半，病归遽逝。

梦旦先生挽诗

秋岳

弟兄麟凤足瞻依，叔也渊渊称导师。垂死大峨觇愿力，昔游明圣惬襟期。健行久信心难老，熟语常看意出奇。旧日辈流嗟向尽，独雠梁谱夜其何。夜为任公先生校年谱，闻梦叔耗，悲不自胜。

挽高梦旦

众异

三高真似三峰峻，劬学长年最白眉。我已澄观泯新旧，君能冥想化神奇。山河已破还伤逝，肺腑无言莫咎医。雪窦前游五年事，弥天今见盖棺时。

挽高梦旦

映庵

闽士三高若凤麟，交君最久最相亲。山林大启凭蓝荜，羹饭罗前弃土尘。万事精思言破的，百端学术世迎新。后生私谥持何语，须识先生德至醇。

病骨那禁蜀道难，峡哀入诵夜漫漫。忧深何适求安枕，食少惊看对饤盘。誉我昔游恒在念十余年前同游天目，我为之导，君常誉之，以为游侣无过于我。因君后会益无欢。交期遽使今朝尽，终面惟余一抚棺。

挽诗一律

俞人蔚

回首师门四十春，独留介弟许相亲。文章有价堪名世，山水无情老此身。

多病频年怜瘦骨，布衣一袭是完人。功名利禄生前弃，一笑黄泉当避秦。

挽诗一律

林葆恒

昔闻四月上峨眉，已虑归帆触热迟。至竟攀跻妨宿疾，坐教性命付庸医。

横流沧海生何乐？盛业名山事可思！独惜扁舟将入峡，谢公行处可胜悲。

挽诗一律

夏偕复

闻留山阳感不支，机云旧谊重寻思。翻书慕阁商量日，曳杖花园笑语时。

落落襟怀尘网出，悠悠心事子衿期。一卮和泪泉台酹，又惹青丘宿草悲。

水龙吟·哭高梦旦丈

王真

川云远渡，归槎骑鲸，忽已乘风去。阆苑烟深，蓬莱山渺，琼房何处，剪纸招魂。料应心厌，人间尘土。望春申林际，淞波悽黯，千行泪，如泉注。

还念追陪杖屦，恁留连，花篱蔬圃。屏风借诫，鞶丝分训，视犹儿女，弹指流光。时移景易，重游难赋。叹因循此去，栖迟薄宦，更谁调护。

挽诗二绝

鞠鳌

（其一）

乱书堆里寄孤生，吟兴到来便出行。游罢峨眉更归道，满城争泣不能晴。

（其二）

金戈铁马任纵横，记得当年共此城。泪眼未干公已去，风尘我亦可怜生。

为高梦旦先生周年忌日而作

胡适

九年后我重到庐山，
山色泉声都还如旧。
每一个山头，每一条瀑布，
都叫我想念当年同游的老朋友。

他爱看高山大瀑布，
就如同他爱看像个样子的人。
他病倒在游三峡上峨眉的途中，
他不懊悔他那追求不倦的精神。

他不要我们哭他。
他要我们向前，要我们高兴。
他要我们爬他没有上过的高峰，
追求他没有见过的奇景。

挽　联

商务印书馆董事会挽

卅载久宣勤，在公在私，瞻望高山争仰企
一舟同负责，而今而后，思量来日失追随

张元济挽

不药为中医，受尽辛酸，底事体肤付和缓
万难是行路，愧疏调护，空余涕泪望岷峨

高凤池挽

著书立说，首倡教科，清望共崇传后世
道德文章，留有模范，典型足式遗同人

王云五挽

高明深思，迥越时代，若论其交游一道，爱人以德，待人以诚，
此后顿失楷模，同感憖遗之痛
兀傲寡合，自愧生平，独与公共事十年，导我如师，友我如弟，
及今小有成就，宁忘潜化之功

李宣龚挽

惟崇有乃可立言，一代质家今已尽
不知医无以为友，数行急泪事空哀

庄俞挽

十年以长，兄事之师事之，涵芬楼旧话重提，应为斯人首屈指
七秩将临，志犹是力犹是，峨眉山壮游乍返，竟撄衰病倍伤心

夏鹏挽

父执仰仪型，合力经营不朽业
公才覈名实，岂徒痛惜老成人

鲍庆林挽

与先子广厦绸缪，文质相资，肃肃毋忘承矩矱

自蜀道飞车游衍，欣悲已遗，洋洋如在想须眉

汤颐琐挽

无心婚嫁，无意园林，刚尽名山游览兴

不惊声华，不矜著作，自成当世发明家

高子约挽

报言神经中毒，毒自何来，倍切惊疑于远道

路过汉皋有疾，疾非不治，深伤调护乏良医

蔡元培挽

理想尽超人，平易只求合理化；

文章能寿世，菁华尤在教科书。

王稚圃挽

公为民族伟人，最了解青年心理，创新文化、破旧习惯，虽年事已高，
而思想合乎潮流，士望久熏陶，何意龙蛇成梦识
今届环球劫运，正需要科学精神，凭大牺牲、得真发明，奈西医不慎，
致病躯误于药物，讣书空叹息，只怀松柏表耆英

张叔良挽

革新学术，革新习俗，赤胆自是过人，遗范谁为勒于石。
备受关垂，备受教益，白圭不宜有玷名，言我尚书诸绅。

|纪念活动|

纪念高梦旦先生

先生高姓，梦旦其字，初名凤谦，后以字行，福建长乐人也。少居乡，即不乐为八股帖括，好为写实文章，研求实用之学。时目击晚清政治学术之窳腐，外交之失败，昕夕不自安。适梁启超辈创办强学会《时务报》，大表同情，投袂以起，相与结纳，偶亦为文，发挥政见，不苟同、不立异，深为时人所重。戊戌政变之后，应浙江高等学堂总教练之聘，率学生东渡留学，即留为监督。于日本政治教育，专心考察，至为羡慕，革新之思想于是益进。后尝应张南皮、张丰润、岑西林诸公之聘，或主报务，或任幕职，又充上海复旦大学监督，均以不合素志，未久即行辞去。商务印书馆张菊生先生知之，引为编译所所长。先生慨然乐就，既分科延才，先后创编小学、中学、师范之教科书，复创编字典辞典，增加书籍之辑印，故至今教科用书之风行与出版物之潮起云涌，使全国青年学子获先河之导者，先生与有力焉。

先生尝感我国文字太繁复，不易普及，编辑初小国文教科书时，即搜集简单字、手头字、俗体字，就形式顺序意义，比较其优劣繁简异同，而定其需要之等级，早年与劳乃宣、王照辈研究汉字改革，具有特识；后黎锦熙、钱玄同诸氏实行注音字母，王云五氏创制四角号码检字法，先生皆乐为赞助。生平不多事著作，已正式刊行者，仅《十三月新历法》，他如度量衡制度之改革，电码省便之改革，虽作短文发表，未见专书，而暗使有相当权力之机关，力为推行，受其利者不知凡几。先生素持“成功不必自我，成名不必在我”之旨，古今之人，不可及也。今年六月中旬偕张菊生、李拔可两先生入川游览，途中劳顿过甚，以致罹疾，医治罔效，竟于七月二十三日子时，溘然长逝，享年六十有八，至可伤已。兹者中苏文化协会以先生尽瘁于我国教育文化事业，特列为一九三六年逝世之中苏文化界名人之一，开会追悼，并筹议纪念云。

（原载《教育杂志》1936年第9期）

悼高梦旦先生

梦旦先生讳凤谦，福建长乐人。生平努力文化事业，贡献甚大。曾任商务印书馆编译所所长有年，又为本志创办人之一。以民国二十五年七月二十三日疾殁上海，闻者惋惜。兹海上各文化团体及其友朋定于九月十三日开会追悼，特志数语，借伸悲忱。

《东方杂志》社同人 敬识

（原载《东方画报》1936 年第 18 期）

高梦旦先生纪念办法

以与商务印书馆极有关系之高梦旦先生突然逝世，公司追念以往事功，不能不有所酬报之表示。但先生生平不要名，不要利，对于假借他人之财力以收自己之美名，尤不赞成。常言自己有能力即自己做，没有能力即不必做，吾辈固所深佩者，加以死后治丧，其公子辈又能体念其心，登报公告，不受吊，凡赙仪等一概恳辞，则公司向例厚赠赙金之办法，殊不适用。故七月二十八日，公司开第四百三十一次董事会，特提议及此：当议决公司拨款一万元，作为高梦旦先生奖助学术纪念基金，存入新华商业储蓄银行，常年一分计息，动息不动本。至如何办法，及奖助何种学术团体或事业，容再从长讨论。又公司同人拟于九月初间联合外界与先生交好诸人，开一次盛大追悼会，正在征求发起人签名中，各界如有文字，不妨早日筹备云。

（原载《同舟》1936年第11期）

党国名流及文化界同人 昨日追悼高梦旦氏

到吴稚晖、蔡元培等五百余人　商务设置高氏纪念奖金万元

【大公社云】文化界耆宿、商务印书馆董事高梦旦氏逝世后，各方同深悼惜。名流蔡元培、王世杰、黄任之等暨商务同人，为追怀硕彦，将发起于昨日下午二时，假西藏路宁波旅沪同乡会，举行追悼大会，兹分志详情如次：

参加人物

计到蔡元培、吴稚晖、王世杰（雷震代）、黄任之、雷震、胡愈之、颜任光、胡朴安、徐新六、王云五、陈蔗青、韦悫、郑葆湜、潘公展、蔡周峻、李圣五、徐寄庼、张元济、夏筱芳、梁和钧、夏剑亟、李拔可、寿景伟、伍光建、邹韬奋、周越然、庄俞、温宗尧、黄警顽，暨商务印书馆全体同人等，五百余人，由蔡元培主席。

蔡氏致辞

主席蔡元培致开会辞云：

今在此开会追悼高梦旦先生。先生乃一通人，亦一世之好人。年事虽高，本犹可服务社会，有所专诣，讵竟一病不起，世人无论识与不识，咸为之悼惜不已。先生抱经世之学，躬行实践，其生平心力，尤尽瘁于教育文化事业，富于新思想，对旧时代之事物，多主革新。其力主采用通历与简易字体，实

重其合理化也。先生为人精细，无成见，为商务编教科书，功力甚大，且于教育史上，树一异彩。今馆务付托于王云五先生辈，主持得人，先生未竟之志，望吾后学者起而继之云云。

嗣由雷震、黄任之、蒋维乔、吴稚晖、王云五等相继演说，对先生一生事迹多所表扬，词长从略。

两追悼词

（一）商务董事会追悼词云：

呜呼！三高昆玉，公称白眉。幸同袍泽，久托心期。或廿余稔，或三十稘。大贤适馆，广厦初基。公置茅蕝，更议汉仪。旁瞻远瞩，因时制宜。培新商旧，默连潜移。始有小成，功以渐进。月计有余，用志孟晋。彪外弸中，罗致英俊。分别部居，合群编订。譬树木然，十年视荫。于斯时也，规模大定。根本已坚，枝干弥劲。能膺艰巨，能远经权。不随不激，不忘不愆。凡在同列，咸佩韦弦。功成身退，付托得贤。中经浩劫，公犹屹然。借箸在手，靡息劳肩。德性坚定，斯人有焉。何意彼苍，夺我明哲。瞻望长城，左右若失。直谅无闻，请益莫得。蜀云万里，淞波千丈。逝水悠悠，凄风恻恻。积留名山，业纪贞石。

（二）商务同人追悼词云：

维中华民国二十五年九月十三日，商务印书馆同人庄俞等，谨以鲜花致献于高梦旦先生追悼会，为文告之曰：自先生之逝也，同人感念靡已。缅榘矱之不存，省风云之不自，如溟海之失坚舟，如□衢之亡智轨，实有是之深且慕焉。先生德行之传于世者累累，首曰孝悌，父行为行，兄字为字，征纪群之承休，应轼辙之媲美；次曰□义，慷慨为人，肺肝相示，鲁连仗其高风，范式谥为信士；复次曰默旨，凡事不近名利，而唯奋己力之所能至；复次曰质理，平时最恶俗尚虚华，而自谨一家之所视所履，此曾与先生相接者类能志之。顾先生一生之岁月，致力于本馆，虽只廿有四年，而精神贯注周惬，直至今而犹恃。故同人之所志者，将有为他人所遗，而自不得谓之侈也。盖先生具亹亹不已之研究，负悬悬无尽之责任，则其效忠本馆而夐然无所冀也。唯其研究不已，故知见常据人之先，唯其责任无尽，故愿力常较人为炽。夫宁有矫揉伪饰之情，其出于自然流行以济尔。然则本馆之得有今日，固有所启之者矣。同人感念先生，唯有奉其遗教，若常侍左右而从事焉。先生在天之灵，其为默相加被乎哉。

家属答词

家属代表高谨轩致辞答谢，略谓，今日承党国名流，暨文化界同人，开会追悼，家属深表感谢，先人之志，谨轩等当遵行不忘也云云。

纪念奖金

商务印书馆为发扬文化，兼以纪念高梦旦先生之功绩起见，特拨定万元，存入银行，作为高氏学术奖金，按年以一千元奖给予学术上有创造者云。

（原载 1936 年 9 月 14 日《申报》）

沪各界开会追悼高梦旦

【上海十三日电】各界十三日午在宁波同乡会举行高梦旦追悼大会，到吴稚晖、雷震、颜任光、胡朴安等五百余人，蔡元培主席致辞，王云五等演说，商务印书馆董事会暨词人均往致祭。

（原载 1936 年 9 月 14 日《新民报》）

高梦旦先生殡仪记

我一①

中华民国二十五年七月二十三日子时，高梦旦先生病殁于上海胶州路合兴里寓庐，即日奉移遗体于胶州路万国殡仪馆楼上。二十四日上午十时小殓，先由馆中人以榻舁遗体至楼下大厅东室，门阖，家人亦不入；馆中人为之化妆更衣讫，门启，摄影数页，家人戚友陆续入，然后奉遗体入棺，棺为西式木质黑漆，精洁而轻。衣黑挂蓝袍，戴瓜皮式帽红结，眼闭口开露齿。渐加玻璃盖，移棺居中，绕以花圈，家人哭泣于左右，戚友绕棺一面，含泪以出。不悬孝帏，不设灵台，不祭不拜，不燃香烛，不烧锭箔，儿女黑衣伴灵而已。二十六日下午一时大殓，先期登报赴告，不受赙仪，即花圈、挽联、幛、轴、香烛等一概恳辞，如此则戚友不无为难。结果挽联、幛、轴通融收受，赙仪则登记后加以红封，附以谢帖，璧之本人。是日满悬戚友挽联、挽诗、挽幛之属，吊者甚众，先由家属致祭，酒肴满陈，仍不燃香烛。到者三鞠躬，筵既撤，戚友复鱼贯至柩前作最后一度瞻仰遗容，遂即大殓，由其好友张菊生、陈叔通、王云五、李拔可，其婿郑振铎，公子谨轩等扶柩登车，直达虹桥路万国公墓。尾随送殡车数十辆，绝无其他仪仗。既抵墓，即入穴，以无数花圈叠其上，礼成，戚友各散。

（原载《同舟》1936 年第 11 期）

---

① 我一：即“庄俞”。

附　录

高梦旦之死

吴去疾

高梦旦先生，讳凤谦，福建长乐人，今之知名士也。林琴南先生《畏庐文集》历叙与其昆季之交谊，余是以知有梦旦先生其人。然以无介，未尝晋谒于先生门也。今岁（二十五年）七月下旬，忽报载先生死矣。至二十九日，《民报》有朴君者，著《科学的医术》一文，谓据高先生家属所发表情况，高先生不是死于病，而死于医，余读之不解其故。三十日，《申报》登有高先生家属启事，将在某医院中治疗之经过，详哉言之，余始恍然。今将二家原文，转录于此，不易一字，亦不赞一辞，请阅者自由心证可也。

廿五年八月

（原载《神州国医学报》1936 年第 12 期）

高梦旦先生在宝隆医院治疗经过敬告亲友

先父自得病以来，承诸亲友关切，常临存问，并知病已日有起色，且不久即可出院。及闻噩耗，多甚骇怪，纷询治疗经过。兹谨胪述如下，幸垂鉴焉。

先父自四川返沪，途中得病，经医生诊断为肺炎。即于六月廿九日入宝隆医院，由 Mertens 及李明琛两医师主治。肺炎已日就愈，热度脉搏均如常人，胃口亦佳，惟夜间常患失眠。七月八日晚间遵医嘱服安眠药两粒，自半夜达晓呈起卧不安之状。九日晚间即服两粒仍不能睡，于是李明琛医生又令服两粒，服后不但不能入睡，反而起卧颠扑，不安之状较前晚更甚。眼闭口张，不发一言。睡下不及一分钟即起坐，并欲下床，用力至猛，虽侍疾者竭两人之力，不能制止，此种现象直到次早七八时方已。后 Mertens 及李明琛两医同来病室时即以夜间之状告之。Mertens 闻服安眠药至四粒之多，即大呼“too much ,too much”不已。事后私问 Mertens 服药过多之害，据云年纪过大、心脏又弱，断不宜多服安眠药。虽经此两次打击，后因调养得法，病体日有起色，胃口亦日渐强健，已能舍流质而食细米、麦片、鸡蛋、切面等。李明琛医生曾一再相告不久即可出院，家人方自庆幸，以为从此能转危为安。孰知变生不测，伤哉。十九日晚间，先父久久不寐，到二十日清晨一时起即觉烦躁，且说话不停。三时许请李明琛医生来视后，即令服安眠药 Evipan 两片。君珊因以往之经验，曾恳李医生勿用该药，并问可否只服□片。李医生力言该药力量远不及前次所用药之大，服之毫不成问题云云。

言毕即亲将药饼捻碎用开水送下，药服后立刻入睡，并发鼾声。但不及十余分钟又如前次之辗转床褥，时起时卧，十分不安，眼闭口张，一如前次之状。但用力较前次为猛，虽竭三人之力，不能制止。五时许李医生来即为先父注射安眠药针 Scopulamin 仍无效，后又注射一安眠药针 Luminal 即昏昏入睡，当时竟无人知其仍为安眠药也。睡不及两小时即开始颠扑不安，时起时卧无一分钟之安息。后 Mertens 医生嘱注射 Chloralhydrut 仍无效，此一日中沉迷颠扑之状毫不稍减。但李医生每次来按脉后，均言脉息甚佳，不久即可清醒，并云只须多养两日即可出院。是日下午五时许该院西人护士曾掀视瞳仁，即惊呼为用安眠药过多中毒，因立刻电招 Mertens 医生来视，而彼以忙称，终不至。是晚孙逵方医生（真茹法医研究所所长）及郑葆湜医生来视疾，见状均惊为中毒，急请李医生设法救治。而李医生因忙于应酬，良久始至，至时仍不承认为服用多量安眠药所致。家人计无从出，即于廿一日自宝隆医院迎回医治，即日请海上名医黄钟、曾耀仲、陆锦文、周振禹、宋梧生、梁俊青、郑葆湜、蔡鸿及德医 Loewenberg 等会诊。诸医异口同声均断为用安眠药过多而中毒，且因中毒过深，医治甚难。自二十日晨三时起到廿三日晨零时五分止，计六十九小时，病人无一刻之安定。其痛苦之状，见者痛心。但病人神志昏迷，自始至终未曾发一言，至力尽气尽，即弃君珊等而长逝矣，伤哉。

按：先父两年前曾患心脏病，后病虽愈而心脏仍弱。入宝隆医院后每三小时打一次强心脏药针，多日始停，继以服强心脏药水，其心脏之弱为医院所深知，何以后来竟叠次用多量安眠药剂？据诸医言，普通人服 Evipan 最大分量为两片，今年老而心脏弱者亦服此量，此外又加注射安眠药针，安得不因之而致命？出院时，李医生曾有书面报告当时所用各药，竟删去第二次所用药针 Luminal 一种。但侍疾之人，及二十日来院存问诸医生，均已见该药名写在挂于门上之热度表上。事实俱在，可见致死之因实为第三次用多量安眠药之故。君珊等侍疾在侧，亲见李明琛医生用多量安眠药剂而不知竭力阻止，致成此终天之恨，事后思之，抢地呼天追悔莫及矣。兹谨述在宝隆医院治疗经过，伏希矜鉴。

高君珊 君远 谨轩 君箴 仲洽 叔芻谨启

（原载《神州国医学报》1936年第12期）

科学的医术[①]

科学的医术，在理论上毫无欠缺之处，在事实上则往往与理论相反。最近高梦旦先生之死于医院，据高先生家属所发表情况，高先生不是死于病，实死于医。同此等状况者，友人王君，亦福建人，右臂酸痛，某医生谓开刀可以疗之。王君极信西医亦如高先生，开刀后而刀口不收，至溃烂日甚，某医生谓非将此臂截去，则溃烂蔓延，将不能保其性命。乃截去后刀口更巨，日流脓水，不数日即死。余之长女，本毫无病，不过身体稍弱，某医生（亦是宝隆医院）谓当打补血针。乃打针后逐渐饮食不进，甚至胸膈作痛，以致委顿日甚，乃进宝隆医院医治，不一月，即死于医院。临死数日，神识昏迷，亦如高先生之状况。不过高先生为身之舞，余女为口之歌不同耳。凡此皆事实，其他所闻者，所传者更不可胜数也。高先生本有病且六十以外人，王君不过臂痛，年四十余耳，余女毫无病，年仅二十余，皆死于科学的医术，此极可注意之事也。

再者张竹坪先生，以胆石病而进医院，医生谓非开刀不治。张先生与医院有稔，慎重开刀，住在医院细心观察。一二月来知以胆石病开刀者五六人，医好不到半数，张先生悄然出院，另服一种中国丹方而病愈。余病胆石甚剧，月必四五发，发必六七小时，痛不可忍，吐至二三十次。两年以来，经西医

---

① 原标题下有“（朴）”字样，且文中按语提及“朴君”，编者推测“朴（朴君）”应为本文作者，但应资料甚少，未能查证出此人真实身份。

疗治，毫不稍减。西医亦谓非开刀不治，经张先生之介绍，服张先生所服之丹方而病愈，现已四年不复发矣。张先生年事尚富，余得此病时已五十四五岁，而竟不经科学的医术而愈，此亦极可注意者也。去疾按：胆石丹方如此之效，祈朴君公开如何。

人每言，科学医术，必无有误事之理。所以误事者，医生技术不精，或医生偶然大意耳。余谓此是人之问题，而非医之问题，可不必论。记者以为西方科学的医术，而不能疗治中国人之病者。有两大原因，一关于医术本身之问题，二关于中国人习惯之问题。

何谓医术本身之问题？科学的医术及药品，皆由试验而来；其试验也，则利用动物之身体，中国人之身体，离动物之时代，较西方人为长久。试观中国人饮食，完全火化，西方人饮食半火化，即为明证。故在动物上试验所得之医术及药品，可以疗治动物，可以疗治西方人，而不可以疗治中国人，盖身体之组织不同也。

何谓中国人习惯之问题？中国人习惯，有病不即医，以致病情极为复杂。科学的医术，只能对病施药，而不问与病有关系之一切。故往往病虽好，而人则医死，假使有病即医，当不至于如是。

有此一原因，此科学的医术，而不能医中国人之病也。科学的政治，而不能医中国国家之病，亦尝如是也。

廿五年七月廿九日《民报》

（原载《神州国医学报》1936 年第 12 期）

关于高梦旦先生之死

王勤村

七月廿五日上海各报上载着商务印书馆董事高梦旦先生死在西医手里了。他在两年前曾患心脏病，这次由四川回来途中中暑，经医生诊断为肺炎，于六月廿九日入宝隆医院治肺炎。虽日就痊愈而夜间常有不眠之症，七月八日医生 Mertens 及李明琛两君嘱服某种安眠药两粒；九日又连服四粒之多，服后不但不能入睡，反而起卧颠扑，不安之状，比前更甚，至廿日复由李医生接连注射安眠药针；后 Mertens 又嘱注射 Chlorhy Drut 均无救，是晚适真茹法医检验所所长孙逵方医生前往视疾，见状惊断中毒，即由家人将病人送回家中，经请海上名医十余人会诊，诸医异口同声，均断为用安眠药过多而中毒。延至廿三日气尽力绝，眼闪口张，不发一言，终于无法医治，溘然与世长辞矣！

其实，一个老年而有心脏病的人怎么能注服多量的安眠剂？这简直是常识不够，弄出这种错误的人，就不配称作医生！虽然做宝隆医院的医生，无论就资格上、技术上、经验上论，说起来总要比内地医院的医生来得老到而有本事（这当然也不可一概而论），但高梦旦先生之所以致死，实由于 Mertens 及李明琛两医生之疏忽所致，决难逃其责任。

现在天气甚热，疫病蔓延，非常厉害，寄语各地中西医生，以宝隆医院两医生之前车之鉴，宜格外慎重视病！并须力戒其摆架子之医生恶例，以免陷病者之急不缓治，死于非命之惨。

（原载 1936 年 8 月 18 日《海盐民报》）

编后记

高梦旦先生是我国近代史上著名的出版家、教育家、革新思想家及旅行家，其一生在教科书、工具书出版，促进实业发展，教育制度改革等领域做出了巨大的贡献，受其恩惠与影响的人不尽其数，其中不乏文化大家与著名学者，如胡适和王云五等。作为商务印书馆的元老之一，高梦旦自 1903 年加入，至 1936 年逝世的三十多年间，一直服务于商务印书馆的出版工作，奉献了自己半生的精力与才智。因此，出版高梦旦的文集有丰富的研究价值和非凡的纪念意义。

然而，作为商务印书馆早期的“中流砥柱”，高梦旦一生谦虚而低调，对于自己的文字，他不甚着意，发表时多用化名。在这些散落的文献中，高梦旦的形象显得陌生又黯淡。这位胡适口中最慈祥、最热心的老者，究竟还有哪些成就尚湮没于出版史，这的确是一个值得从事出版学研究的后学们追问的问题。

得益于北京印刷学院“人才培养质量建设——一流专业——编辑出版学”项目的出版经费资助，一直从事早期商务印书馆研究的编者叶新在编定《高凤池日记》之后，开始着手策划整理高梦旦的史料，并以高梦旦逝世后出版文化界的缅怀为出发点，回溯高梦旦生前的事迹。作为年轻的出版学子，周伟俊同学在了解了出版界耆宿高梦旦的人生经历之后，心生钦佩与崇敬，遂以《高梦旦：著述与追忆》为毕业设计项目，于故纸堆中翻阅检索、梳理考证，终将一篇又一篇高公遗文重新摆在案头。尽管从确立选题到最终成书的一年多时间里，两位编者付出了较大的心力，也面临过难以细数的挫折，然而能在高梦旦先生逝世 85 周年之际，让《高梦旦：著述与追忆》这本小书与读者见面，亦是甚感欣慰。

本书不仅是叶新和周伟俊师徒两人共同智慧的结晶，更是出版学研究者弘扬与传承高梦旦高洁无私的人格品质和甘于奉献的出版家精神的依托。本书的结集付梓，一方面可以填补高梦旦研究史料的市场空白，为其他研究者提供一定的方便；另一方面实现了编者播散高梦旦的出版家精神和德行品格的初愿。

两位编者在书稿选编过程中，得到许多专家和前辈的帮助和建议。其中出版学界前辈、《高梦旦传》的作者卢仁龙先生欣然为本书赐序，并对书稿内容提出了不少意见，补充了部分遗漏的资料；北京印刷学院新闻出版学院的张文红教授、范继忠教授等对本书的内容结构给予诸多建议，并提供可参考学习的案例；台湾商务印书馆在得知本书出版时，也给予了书中文献使用授权上的支持；西苑出版社的赵晖社长将之列为社里的重点出版项目，责任编辑樊颖老师在文字审校、内文结构重组、形式体例等方面精益求精。通过不断的意见反馈与改进修订，原本松散的书稿内容逐渐具备了合理的结构与得体的形式和样貌。

最后要说的是，由于高梦旦生活的时代距今较为久远，加上搜集渠道的有限性，以及两位编者在学识方面的不足，本书的搜集和编辑工作难以周全，不免遗漏。还请各界人士和广大读者悉数指正，若新有所获，日后再做修订。

叶新　周伟俊
2021 年 11 月 22 日